아이가 주인공인 책

아이는 스스로 생각하고 매일 성장합니다.
부모가 아이를 존중하고 그 가능성을 믿을 때
새로운 문제들을 스스로 해결해 나갈 수 있습니다.

〈기적의 학습서〉는 아이가 주인공인 책입니다.
탄탄한 실력을 만드는 체계적인 학습법으로
아이의 공부 자신감을 높여 줍니다.

아이의 가능성과 꿈을 응원해 주세요.
아이가 주인공인 분위기를 만들어 주고,
작은 노력과 땀방울에 큰 박수를 보내 주세요.
〈기적의 학습서〉가 자녀 교육에 힘이 되겠습니다.

나는 식당을 열어
서 고아원 아이들을 그리고
도 와 줄겁니다.
아 이돌이되어 웃저 히줄겁니다
성우도되어 어린이들 웃게 헝겁니

조심조심 착은히 통
해야된다.

숙제가 하기 싫었는데 매미소리 덕에
한결 기운이좋아졌다

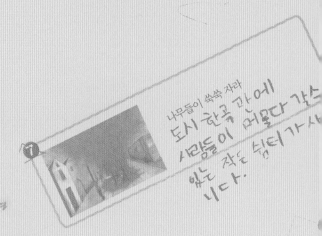

나무들이 쑥쑥 자라
도시 한곳 간에
사람들이 머물다 가수
있는 작은 쉼터가사
니다.

빨리 타

다섯친구들을 아주 용감하
다. 다섯친구들 ◎ ✕ ☺
✻✻너무 좋다.

어이없이 소원을빌어요!
이제 나무를 잘 패세요.

그 다섯 명이
셀줄도 몰르고
덤벼서 너무 아
프고 억울해
또 만나면 혼
내줄거야
호랑이

언제	새벽 5시에
어디에서	집에서
누구와	나와
무슨일	더위서 새벽5시에일어났다

[기적의 독서 논술] 샘플을 먼저 경험한 전국의 주인공들

강민준　공현욱　구민서　구본준　권다은　권민재　김가은　김규리　김도연　김서현　김성훈
김윤아　김은서　김정원　김태완　김현우　남혜인　노윤아　노혜욱　류수영　박선율　박세은
박은서　박재현　박주안　박채운　박채환　박현우　배건웅　서아영　손승우　신예나　심민규
심준우　양서정　오수빈　온하늘　원현정　유혜수　윤서연　윤호찬　이 솔　이준기　이준혁
이하연　이효정　장보경　전예찬　전헌재　정윤서　정지우　조연서　조영민　조은상　주하림
지예인　진하윤　천태희　최예린　최정연　추예은　허준석　홍주원　홍주혁

"
고맙습니다.
우리 친구들 덕분에 이 책을 잘 만들 수 있었습니다.
"

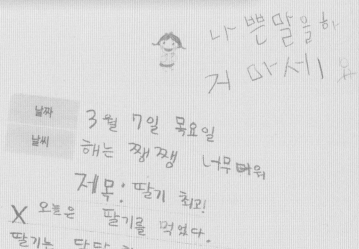

안녕? 난 **뚱**이라고 해. 2019살이야.
디자이너 비따쌤이 만들었는데, 길벗쌤이 날 딱 보더니 엉뚱한 생각을 많이 할 것 같다고
'뚱'이란 이름을 지어 줬어. (뚱뚱해서 지은 거 아니야! 화났뚱) 나는 이 책에 가끔 나와.
새싹뚱, 글자뚱, 읽는뚱, 쓰는뚱, 생각뚱, 탐구뚱, 박사뚱, 말뚱, 놀뚱, 쉴뚱! (💩 **뚱** 아니야! 잘 봐~)
너희들 읽기도 쓰기도 하는 둥 마는 둥 할까 봐 내가 아주 걱정이 많아. 그래서 살짝뚱 도와줄 거야.
같이 해 보자고!! 뚱뚱~~

초등 문해력, **쓰기**로 완성한다!

기 적 의
독서 논술

길벗스쿨

기적의 독서 논술 P2권 예비 초등

초판 1쇄 발행 2020년 2월 2일
개정 1쇄 발행 2024년 4월 11일

지은이 기적학습연구소
발행인 이종원
발행처 길벗스쿨
출판사 등록일 2006년 6월 16일
주소 서울시 마포구 월드컵로 10길 56(서교동 467-9)
대표 전화 02)332-0931 | **팩스** 02)323-0586
홈페이지 www.gilbutschool.co.kr | **이메일** gilbut@gilbut.co.kr

기획 신경아(skalion@gilbut.co.kr) | **책임 편집** 박은숙, 유명희, 이은정
제작 이준호, 손일순, 이진혁 | **영업마케팅** 문세연, 박선경, 박다슬 | **웹마케팅** 박달님, 이재윤, 나혜연
영업관리 김명자, 정경화 | **독자지원** 윤정아

디자인 디자인비따 | **전산편집** 디그린, 린 기획
편집 진행 이은정 | **교정 교열** 백영주
표지 일러스트 이승정 | **본문 일러스트** 이주연, 루인, 조수희, 백정석, 김지아
CTP출력 및 인쇄 교보피앤비 | **제본** 경문제책

ISBN 979-11-6406-670-4 64710
(길벗스쿨 도서번호 10938)
정가 12,000원

'읽다'라는 동사에는 명령형이 먹혀들지 않는다.
 이를테면 '사랑하다'라든가 '꿈꾸다' 같은 동사처럼,
'읽다'는 명령형으로 쓰면 거부 반응을 일으키는 것이다. 물론 줄기차게 시도해 볼 수는 있다.
"사랑해라!", "꿈을 가져라."라든가, "책 좀 읽어라, 제발!", "너, 이 자식, 책 읽으라고 했잖아!"라고.
 효과는? 전혀 없다.

-『다니엘 페나크, 〈소설처럼〉 중에서』

　이 책을 기획하면서 읽었던 많은 독서 교육 관련 책 중에 가장 기억에 남는 구절이었습니다. 볼거리와 놀거리가 차고 넘치는 세상에서 아이들에게 그럼에도 불구하고 '독서가 답이야.'라고 말해 주고 싶어서 이 책을 기획했습니다. 그래서 어떻게 하면 '독서(읽다)와 논술(쓰다)'이라는 말이 명령형처럼 들리지 않을까 고민했습니다. '혼자서도 할 수 있어.'에서 '같이 해 보자.'로 방법을 바꿔 제안합니다.

　독서도 연산처럼 훈련이 필요한 학습입니다. 글자를 뗀 이후부터 혼자서 책을 척척 찾아 읽고, 독서 감상문도 줄줄 잘 쓰는 친구가 있을까요? 처음에는 쉽지 않습니다. 초보 독서에서 벗어나 능숙한 독서가로 성장하기 위해서는 무릎 학교 선생님(부모님)의 도움이 필요합니다. 가랑비에 옷 젖듯, 매일 조금씩 천천히 함께 책 읽는 시간을 가져 보세요. 그리고 읽은 것에 대해 이런저런 대화를 나누어 보세요. 함께 책을 읽는 연습이 되어야 생각하는 힘이 생기고, 자기 생각을 표현하는 방법도 깨우치게 됩니다.

　아이가 잘 읽고 있다고 생각할 수 있지만, 내용을 금방 파악하기 어려울 수 있습니다. 이럴 때 부모님께서 함께 글의 내용을 떠올려 봐 주시고, 생각의 물꼬를 터 주신다면 아이들은 쉽게 글 속으로 빠져들게 될 것입니다.

　생각을 표현하는 것 또한 녹록지 않을 수 있습니다. 처음부터 완벽한 문장으로 쓰기를 기대하지 마세요. 읽는 것만큼 쓰는 것도 자주 해 봐야 늡니다. 쓰기를 특히 어려워한다면 말로 표현해 보라고 먼저 권유해 주세요. 한 주에 한 편씩 읽고 쓰고 대화하는 동안에 공감 능력과 이해력이 생기고, 생각하고 표현하는 능력이 향상될 것입니다.

　초등 공부는 읽기로 시작해서 쓰기로 완성됩니다. 지금 이 책이 그 효과적인 독서 교육 방법을 제안합니다. 이 책을 선택하신 무릎 학교 선생님, 우리 아이에게 딱 맞는 독서 교육가가 되어 주십시오. 아이와 함께 할 때 효과는 배가 될 것입니다.

2020. 2
기적학습연구소 일동

〈기적의 독서 논술〉은 매주 한 편씩 깊이 있게 글을 읽고 생각을 쓰면서 사고력을 키우는 초등 학년별 독서 논술 프로그램입니다.

눈에만 담는 독서에서 벗어나, 읽고 떠오르는 생각과 감정을 밖으로 표현해 보세요. 매주 새로운 글을 통해 생각 훈련을 하다 보면, 어휘력과 독해력은 물론 표현력까지 기를 수 있습니다. 예비 초등을 시작으로 학년별 2권씩, 총 14권으로 구성되어 있습니다.

* 초등 고학년(5~6학년)을 대상으로 한 〈기적의 역사 논술〉도 함께 출시되어 있습니다. 〈기적의 역사 논술〉은 매주 한 편씩 한국사 스토리를 통해 역사적 맥락을 이해하고, 그 의미를 파악하며 생각을 써 보는 통합 사고력 프로그램입니다.

 학년(연령)별 구성

학년별 2권 구성

한 학기에 한 권씩 독서 논술을 테마로 학습 계획을 짜 보는 것은 어떨까요?

독서 프로그램 차등 설계

읽기 역량을 고려하여 본문의 구성도 차등 적용하였습니다.

예비 초등과 초등 1학년은 짧은 글을 중심으로 장면별로 끊어 읽는 독서법을 채택하였습니다. 초등 2~4학년은 한 편의 글을 앞뒤로 나누어 읽도록 하였고, 초등 5~6학년은 한 편의 글을 끊지 않고 쭉 이어서 읽도록 하였습니다. 글을 읽은 뒤에는 글의 내용을 확인 정리하면서 생각을 펼칠 수 있도록 설계하였습니다.

선택팁 단계별(학년별)로 읽기 분량이나 서술·논술형 문제에 난이도 차가 있습니다. 아이 학년에 맞게 책을 선택하시되 첫 주의 내용을 보시고 너무 어렵겠다 싶으시면 전 단계를, 이 정도면 수월하겠다 싶으시면 다음 권을 선택하셔서 학습하시길 추천드립니다.

② 읽기 역량을 고려한 다채로운 읽기물 선정 (커리큘럼 소개)

권	주	읽기물	주제	장르	비고	특강
P1	1	염소네 대문	친구 사귀기	창작 동화	인문, 사회	한 장면 생각 표현
	2	바람과 해님	지혜, 온화함	명작 동화	인문, 과학	
	3	임금님 귀는 당나귀 귀	비밀 지키기	전래 동화	인문, 사회	
	4	숲속 꼬마 사자의 변신	바른 태도로 듣기	창작 동화	사회, 언어	
P2	1	수상한 아저씨의 뚝딱 목공소	편견, 직업	창작 동화	인문, 기술	한 장면 생각 표현
	2	짧아진 바지	효, 소통	전래 동화	사회, 문화	
	3	레옹을 부탁해요	유기묘, 동물 사랑	창작 동화	인문, 과학	
	4	어리석은 소원	신중하게 생각하기	명작 동화	인문, 사회	
1	1	글자가 사라진다면	한글의 소중함	창작 동화	언어, 사회	그림일기 사람을 소개하는 글
	2	노란색 운동화	쓸모와 나눔	창작 동화	사회, 경제	
	3	재주 많은 다섯 친구	재능	전래 동화	인문, 기술	
	4	우리는 한 가족	가족 호칭	지식 동화	사회, 문화	
2	1	토끼의 재판	은혜, 이웃 도와주기	전래 동화	인문, 사회	일기 물건을 설명하는 글
	2	신통방통 소식통	감각 기관	설명문	과학, 기술	
	3	숲속 거인의 흥미진진 퀴즈	도형	지식 동화	과학, 수학	
	4	열두 띠 이야기	열두 띠가 생겨난 유래	지식 동화	사회, 문화	
3	1	당신이 하는 일은 모두 옳아요	믿음	명작 동화	인문, 사회	부탁하는 글 편지
	2	바깥 활동 안전 수첩	안전 수칙	설명문	사회, 안전	
	3	이르기 대장 나최고	이해, 나쁜 습관	창작 동화	인문, 사회	
	4	우리 땅 곤충 관찰기	여름에 만나는 곤충	관찰 기록문	과학, 기술	
4	1	고제는 알고 있다	친구 이해	창작 동화	인문, 사회	책을 소개하는 글 관찰 기록문
	2	여성을 위한 변호사 이태영	위인, 남녀평등	전기문	사회, 문화	
	3	염색약이냐 연필깎이냐, 그것이 문제로다!	현명한 선택	경제 동화	사회, 경제	
	4	내 직업은 직업 발명가	직업 선택	지식 동화	사회, 기술	
5	1	지하 정원	성실함, 선행	창작 동화	사회, 철학	독서 감상문 제안하는 글
	2	내 친구가 사는 곳이 궁금해	대도시와 마을	지식 동화	사회, 지리	
	3	팥죽 호랑이와 일곱 녀석	배려와 공감	반전 동화	인문, 사회	
	4	수다쟁이 피피의 요란한 바다 여행	환경 보호, 미세 플라스틱 문제	지식 동화	과학, 환경	
6	1	여행	여행, 체험	동시	인문, 문화	설명문 시
	2	마녀의 빵	적절한 상황 판단	명작 동화	인문, 사회	
	3	숨바꼭질	자존감	창작 동화	사회, 문화	
	4	한반도의 동물을 구하라!	한반도의 멸종 동물들	설명문	과학, 환경	
7	1	작은 총알 하나	전쟁 반대, 평화	창작 동화	인문, 평화	기행문 논설문
	2	백제의 숨결, 무령왕릉	문화 유산 답사	기행문	역사, 문화	
	3	돌멩이 수프	공동체, 나눔	명작 동화	사회, 문화	
	4	우리 교실에 벼가 자라요	식물의 한살이	지식 동화	과학, 기술	
8	1	헬로! 두떡 마켓	북한 주민 정착	창작 동화	사회, 문화	기사문 연설문
	2	2005 스탠퍼드대학교 졸업식 연설문	끊임없는 도전 정신	연설문	과학, 기술	
	3	피부색으로 차별받지 않는 무지개 나라	편견과 차별	지식 동화	문화, 역사	
	4	양반전	위선과 무능 풍자	고전 소설	사회, 문화	

3 어휘력 + 독해력 + 표현력을 한번에 잡는 3단계 독서 프로그램

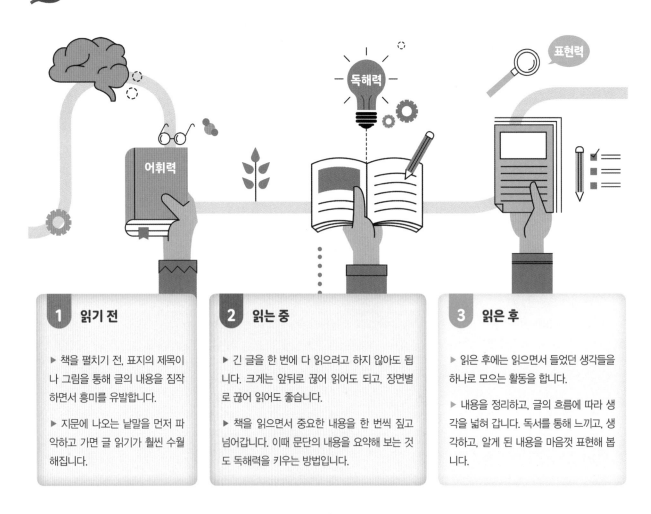

1 읽기 전

▶ 책을 펼치기 전, 표지의 제목이나 그림을 통해 글의 내용을 짐작하면서 흥미를 유발합니다.

▶ 지문에 나오는 낱말을 먼저 파악하고 가면 글 읽기가 훨씬 수월해집니다.

2 읽는 중

▶ 긴 글을 한 번에 다 읽으려고 하지 않아도 됩니다. 크게는 앞뒤로 끊어 읽어도 되고, 장면별로 끊어 읽어도 좋습니다.

▶ 책을 읽으면서 중요한 내용을 한 번씩 짚고 넘어갑니다. 이때 문단의 내용을 요약해 보는 것도 독해력을 키우는 방법입니다.

3 읽은 후

▶ 읽은 후에는 읽으면서 들었던 생각들을 하나로 모으는 활동을 합니다.

▶ 내용을 정리하고, 글의 흐름에 따라 생각을 넓혀 갑니다. 독서를 통해 느끼고, 생각하고, 알게 된 내용을 마음껏 표현해 봅니다.

예비 초등 ~1학년의 독서법

읽기 능력을 살리는 '장면별 끊어 읽기'

창작/전래/이솝 우화 등 짧지만 아이들의 감성을 자극하고 공감을 끌어낼 수 있는 이야기글을 수록하였습니다. 어린 연령일수록 읽기에 대한 거부감을 줄이고, 독서에 대한 재미를 더합니다.

2학년 이상의 독서법

사고력과 비판력을 키우는 '깊이 읽기'

동화뿐 아니라 시, 전기문, 기행문, 설명문, 연설문, 고전 등 다양한 갈래를 다루고 있습니다. 읽기 능력 신장을 위해 저학년에 비해 긴 글을 앞뒤로 나누어 읽어 봅니다. 흥미로운 주제와 시공간을 넘나드는 폭넓은 소재로 아이들의 생각을 펼칠 수 있게 하였습니다.

4 사고력 확장을 위한 서술·논술형 문제 출제

초등학생에게 논술은 '생각 쓰기 연습'에 해당합니다.

교육 평가 과정이 객관식에서 주관식 평가로 점차 변화하고 있습니다. 학교에서는 지필고사를 대신한 수행평가가 수시로 이루어지고 있습니다. 정오답을 찾는 단선적인 객관식보다 사고력을 평가할 수 있는 주관식의 비율이 높아지고, 국어뿐 아니라 수학, 사회, 과학 등 서술형 평가가 확대되고 있습니다. 이런 평가를 대비하여 글을 읽고, 생각을 표현하는 방법을 다각도로 훈련할 수 있도록 구성하였습니다.

이 책에서 출제된 서술·논술형 문제 유형은 다음과 같습니다.

> "만약에 ___나라면 어떻게 했을지 쓰세요." 균형, 비판

> "왜 그런 행동(말)을 했을지 쓰세요." 공감, 논리

> "다음과 같은 상황에 처했을 때 주인공은 어떻게 했을지 쓰세요." 창의, 비판

> "등장인물에게 나는 어떤 말을 해 주고 싶은지 쓰세요." 공감, 균형

> "A와 B의 비슷한(다른) 점은 무엇인지 쓰세요." 논리, 비판

글을 읽을 때 생각이 자라지만, 생각한 바를 표현할 때에도 사고력은 더 확장됩니다. 꼼꼼하게 읽고, 중간중간 내용을 확인한 후에 전체적으로 읽은 내용을 정리해 봄으로써 생각을 다듬고 넓혀 갈 수 있습니다. 한 편의 글을 통해 주인공의 입장이 되어 보기도 하고, '나라면 어땠을까?'를 생각해 보는 연습이 논술에 해당합니다. 하나의 주제를 담고 있는 글을 읽고 내용의 옳고 그름을 판단하기도 하고, 글의 전체적인 맥락을 파악함으로써 논리적이고 비판적인 사고를 할 수 있습니다.

지도팁 장문의 글을 써야 하는 논술 문제는 없지만, 자신의 생각을 마음껏 표현할 수 있게 유도해 주세요. 글로 바로 쓰는 게 어렵다면 말로 표현해 볼 수 있도록 지도해 주시기 바랍니다. 말로 표현한 것을 문장으로 다듬어 쓰다 보면, 생각한 것이 어느 정도 정리됩니다. 여러 번 연습한 후에 논리가 생기고, 표현력 또한 자라게 될 것입니다. 다소 엉뚱한 대답일지라도 나름의 논리와 생각의 과정이 건강하다면 칭찬을 아끼지 마십시오.

이렇게 활용하면 좋아요!

예비 초등을 위한 **P1**권 / **P2**권

아직은 책 읽는 것이 서툴기 때문에 책에 대해 흥미를 가질 수 있도록 정해진 시간에 책을 읽어 주거나 실감 나게 동화를 구연해 주는 활동적인 독서 방법이 필요합니다.

부모님이 소리 내어 읽어 주시고,
아이는 들으면서 독서와 논술을 진행하는 것을
권장합니다.

공부 계획 세우기

13쪽
권별 전체 학습 계획

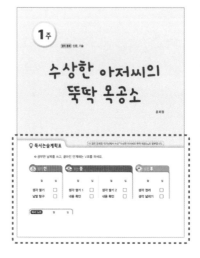

**주차 학습
시작 페이지**
주별 학습 확인

한 주에 한 편씩, 5일차 학습 설계

학습자의 읽기 역량에 따라 하루에 1~2일차를 이어서 할 수도 있고, 1일차씩 끊어서 학습할 수도 있습니다.
계획한 대로 학습이 이루어졌는지 자기 점검을 꼭 해 보세요.

🌸 학년별 특강 [한 장면 생각 표현]

본격적인 독서 논술에 앞서 예비 초등생을 위해 '한 장면 생각 표현'을 마련하였습니다. 한 장면을 보고 사실을 확인하는 연습, 생각을 표현하는 연습을 가볍게 할 수 있습니다.

◀ **지도팁** 쓰기에 취약한 친구들은 말하기나 그리기로 표현할 수 있도록 해 주세요.

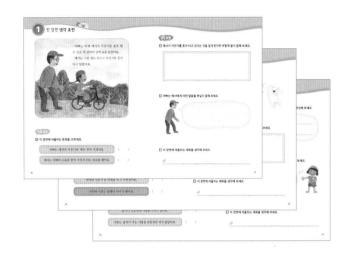

🌸 온라인 제공 [독서 노트]

길벗스쿨 홈페이지(www.gilbutschool.co.kr) 자료실에서 독서 노트를 내려받아 활용할 수 있습니다. 책을 읽고 느낀 점이나 인상 깊었던 점을 간략하게 쓰거나 그리고, 재미있었는지도 스스로 평가해 봅니다. 이 책에 제시된 글뿐만 아니라 추가로 읽은 책에 대한 독서 기록을 남길 수도 있습니다.

▶ **길벗스쿨 홈페이지**
독서 노트 내려받기

매일 조금씩 책 읽는 습관이
아이의 사고력을 키웁니다.

🌸 3단계 독서 프로그램

① 읽기 전

생각 열기

읽게 될 글의 제목과 그림을 살펴보고
내용을 미리 짐작해 본다거나
배경지식을 떠올리면서 읽는 목적을
분명히 하는 활동입니다.

② 읽는 중

생각 쌓기

학습자의 읽기 역량에 따라 긴 글을
장면별로 끊어 읽기도 하고, 전후로 크게
나누어 읽어 봅니다. 부모님과 함께
소리 내어 읽어 보는 것은 어떨까요?

③ 읽은 후

생각 정리

글의 내용을 한눈에 정리해 보는 활동입니다.
장면을 이야기의 흐름대로
정리해 볼 수 있습니다.

생각 넓히기

다양한 사고력을 필요로 하는 서술·논술형
문제들입니다. 글을 읽고 생각한 바를
다양한 방법으로 표현해 볼 수 있습니다.

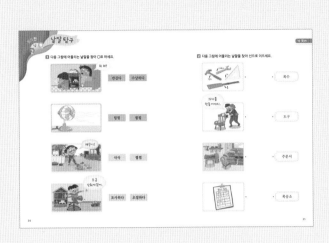

어휘력 쑥쑥!

낱말 탐구

글에 나오는 주요 어휘를
미리 공부하면서 읽기를 조금 더 수월하게
이끌어 갑니다. 뜻을 모를 때에는
가이드북을 참고하세요.

1주 3일차

독해력 척척!

내용 확인 (독해)

가장 핵심적인 독해 문제만 실었습니다.
글을 꼼꼼하게 읽었는지 확인할 수 있습니다.

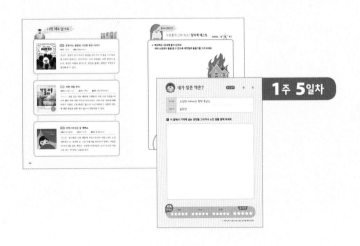

1주 5일차

표현력 뿜뿜!

이런 책도 있어요 / 쉬어가기

읽은 글의 주제와 연관된 추천 도서도
살펴볼 수 있습니다. 잠깐 쉬면서
머리를 식히는 코너도 마련했습니다.

독서 노트

읽은 책에 대한 감상평을 남겨 보세요.
별점을 매기며 종합적으로 평가해
보는 것도 좋습니다.

차례 보고 만드는 독서 다이어리

차례

* 한 주에 한 편씩 계획을 세워 독서 다이어리를 완성해 보세요.

자유롭게
적어 봐~

특강

| 한 | 장 | 면 | 생 | 각 | 표 | 현 |

한 장면 생각 표현 1	한 장면 생각 표현 2	한 장면 생각 표현 3	한 장면 생각 표현 4
/	/	/	/

한 장면 생각 표현 5	한 장면 생각 표현 6	한 장면 생각 표현 7	한 장면 생각 표현 8
/	/	/	/

주차별	읽기 전	읽는 중		읽은 후	
글의 제목	생각 열기 낱말 탐구	생각 쌓기 내용 확인		생각 정리 생각 넓히기	독서 노트
예 ○주 글의 제목을 쓰세요.	3/3 낱말이 어렵다 ㅠㅠ	3/5	3/6 문제 다 맞음! ★★ ★	3/7	/
	/	/	/	/	/
	/	/	/	/	/
	/	/	/	/	/
	/	/	/	/	/

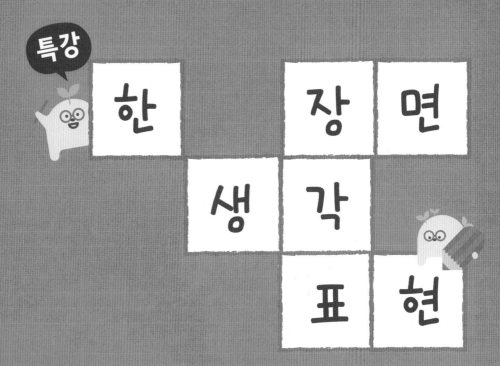

특강

한 장면 생각 표현

본격적인 '독서 논술'로
들어가기 전에 그림을 보고
사실을 확인하는 문장을
만들어 볼 거예요.
쓰기 어려울 때는
말로 표현해 보는 것도 좋아요.

그러고 나서
내 생각을 표현하는 연습을
가볍게 해 볼까요?
자, 따라오세요~

아빠는 이제 예서가 자전거를 혼자 탈 수 있을 것 같아서 슬쩍 손을 놓았어요.
예서는 그런 줄도 모르고 자전거를 혼자 타고 달렸어요.

사실 표현

1 이 장면에 어울리는 문장을 고르세요.

아빠는 예서의 자전거를 계속 잡아 주셨어요. (   )

예서는 아빠의 도움을 받아 자전거 타는 연습을 했어요. (   )

생각 표현

2 예서가 자전거를 혼자 타고 있다는 것을 알게 된다면 어떻게 할지 말해 보세요.

3 아빠는 예서에게 어떤 말씀을 하실지 말해 보세요.

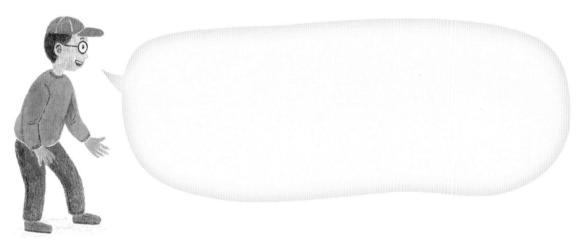

4 이 장면에 어울리는 제목을 생각해 보세요.

2 한 장면 생각 표현

"내가 가지고 놀 거야!"

"아니야. 내가 가지고 놀 거야!"

서아와 서호는 서로 고미고미를 잡아당겼어요.

사실 표현

1 이 장면에 어울리는 문장을 고르세요.

서아와 서호가 곰 인형을 두고 다투었어요.　　　(　　)

서아와 서호는 언제나 사이가 좋아요.　　　(　　)

2 고미고미는 어떤 마음일지 말해 보세요.

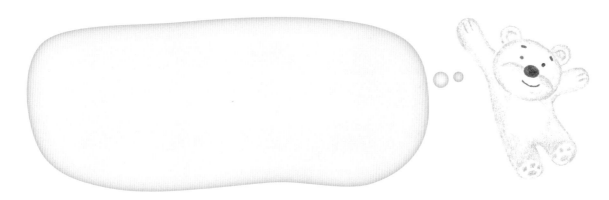

3 어떻게 하면 서아와 서호가 다투지 않고 놀 수 있을지 말해 보세요.

4 이 장면에 어울리는 제목을 생각해 보세요.

3 한 장면 생각 표현

윤아가 지호에게 말했어요.

"사탕 먹을래?"

"먹고는 싶지만……."

지호는 사탕을 받지 않았어요.

사실 표현

1 이 장면에 어울리는 문장을 두 가지 고르세요.

지호는 사탕을 먹지 않았어요.   (   )

윤아가 지호에게 사탕을 주려고 했어요.   (   )

지호는 윤아가 주는 사탕을 받았지만 먹지 않았어요.   (   )

생각 표현

2 지호가 사탕을 받지 않은 까닭을 상상해서 지호가 할 말을 완성해 보세요.

먹고는 싶지만, _____

_____

3 지호가 위와 같이 말했을 때, 윤아는 어떤 생각을 할지 말해 보세요.

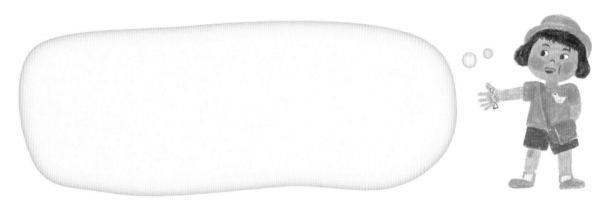

4 이 장면에 어울리는 제목을 생각해 보세요.

_____

민재는 엄마를 보며 말했어요.

"엄마, 저는 여름이 제일 좋아요! 아이스 크림을 실컷 먹을 수 있으니까요."

사실 표현

1 이 장면에 어울리는 내용이 되도록 문장을 완성해 보세요.

> 민재가 제일 좋아하는 계절은 (   )이에요. 왜냐하면
> (   )을 실컷 먹을 수 있기 때문이에요.

2 나는 어떤 계절을 가장 좋아하는지 생각해 보고, 그 까닭과 함께 말해 보세요.

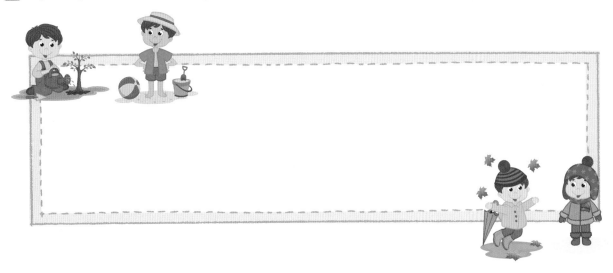

3 지금은 어느 계절인가요? 그 계절에 맞게 오늘의 날씨를 표현해 보세요.

지금은 _____ 입니다.

4 이 장면에 어울리는 제목을 생각해 보세요.

5 한 장면 생각 표현

이제 자기 차례를 기다리고 있는 사람은 슬기뿐이에요.

'으……, 이제 곧 내 이름을 부르겠지?'

슬기는 어딘가로 도망가고 싶었어요.

사실 표현

1 이 장면에 어울리는 내용이 되도록 문장을 완성해 보세요.

슬기가 있는 곳은 (   )예요. 슬기는 진료를 받기 위해 자기 (   )를 기다리고 있어요.

생각 표현

2 슬기는 어떤 마음일지 말해 보세요.

3 슬기와 비슷한 경험을 떠올려 보고, 그때의 기분은 어땠는지 말해 보세요.

4 이 장면에 어울리는 제목을 써 보세요.

_____

6 한 장면 생각 표현

"민주야, 엄마가 좋아, 아빠가 좋아?"
엄마가 갑자기 물어보셨어요. 그런데 민주는 대답을 하지 못했어요.
'엄마는 왜 이런 질문을 할까요?'

사실 표현

1 이 장면에 어울리는 내용이 되도록 문장을 완성해 보세요.

> 엄마는 민주에게 (   )을 했지만, 민주는 (   )
> 을 하지 못했어요.

2 내가 민주라면 다음 질문에 어떻게 대답할지 말해 보세요.

3 나는 부모님께 어떤 질문을 하고 싶은지 말해 보세요.

4 이 장면에 어울리는 제목을 써 보세요.

훈이는 거울을 보며 30년 뒤 자신의 모습을 상상해 보았어요.

사실 표현

1 거울 속의 훈이는 거울 밖의 훈이와 어떤 점이 다른지 말해 보세요.

2 훈이는 왜 어른이 되는 상상을 했을지 말해 보세요.

3 나는 어떤 어른이 되고 싶은지 말해 보세요.

4 이 장면에 어울리는 제목을 써 보세요.

8 한 장면 생각 표현

사실 표현

1 장면 **1**의 내용을 말해 보세요.

2 빈칸에 들어갈 장면 **2**의 내용을 말해 보세요.

3 장면 **3**에서 어미 새는 어떤 생각을 할지 말해 보세요.

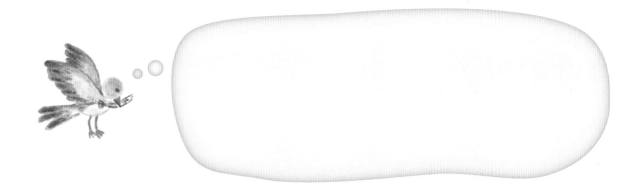

4 이 장면에 어울리는 제목을 써 보세요.

수상한 아저씨의 뚝딱 목공소

윤희정

이 글은 윤희정 작가님께서 쓰신 『수상한 아저씨의 뚝딱 목공소』의 일부입니다.

⭐ 독서논술계획표

❷ 공부한 날짜를 쓰고, 끝마친 단계에는 V표를 하세요.

읽기 전			읽는 중				읽은 후	
월	일		월	일	월	일	월	일
생각 열기	☐		생각 쌓기 1	☐	생각 쌓기 2	☐	생각 정리	☐
낱말 탐구	☐		내용 확인	☐	내용 확인	☐	생각 넓히기	☐

독서 노트   월   일

뚝딱
목공소

1 다음 그림에 어울리는 낱말을 찾아 ○표 하세요.

반갑다   수상하다

윙윙   펄펄

삭삭   쩝쩝

조사하다   조절하다

2 다음 그림에 어울리는 낱말을 찾아 선으로 이으세요.

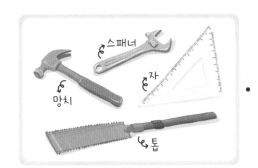

· · 목수

· · 도구

· · 주문서

· · 목공소

생각 쌓기

🔎 뚝딱 목공소에서 일어난 일을 차례대로 살펴보며 읽어 보세요.

수상한 아저씨의 뚝딱 목공소

윤희정

숲속 마을에 수상한 아저씨가 이사를 왔어요.

아저씨의 집 앞에는 신기한 도구와 기계들이 잔뜩 쌓여 있었어요.

이사를 마친 아저씨의 집 앞에서는

이상한 소리가 났어요.

내용 파악하기

1 숲속 마을에 일어난 일은 무엇인지 쓰세요.

수상한 아저씨가 [　　][　　]를 왔다.

"도대체 무슨 소리일까?"

마을의 동물들이 하나둘 아저씨의 집으로 모여들었어요.

그런데 그때, 갑자기 문이 벌컥 열렸어요!

"으악!"

동물들은 망치를 든 아저씨를 보고 깜짝 놀랐어요.

생각
키우기

2 '뚝딱 목공소'에 어울리는 도구를 세 가지 찾아 ○표 하세요.

| 톱 | 국자 | 망치 | 줄자 | 마이크 | 크레파스 |

아저씨가 미안해하며 꾸벅 인사를 했어요.

"내 이름은 벤자민이에요. 가구를 만드는 목수랍니다."

아저씨는 문 앞에다 '뚝딱 목공소'라는 간판을 세웠어요.

내용 파악하기

3 숲속 마을에 새로 이사 온 아저씨의 이름은 무엇인지 쓰세요.

뚝딱 목공소에 첫 손님이 찾아왔어요.

"텔레비전을 볼 때마다 목이 너무 아파요.

저한테 필요한 가구가 있을까요?"

벤자민 아저씨는 기린의 긴 목을 올려다보더니

말했어요.

"음, 손님에게 필요한 가구를 만들어 줄게요."

벤자민 아저씨는 나무를 고르고, 윙윙 톱으로 자르

고, 삭삭 전기 사포로 다듬고, 윙윙 나무에 구멍을

뚫었어요.

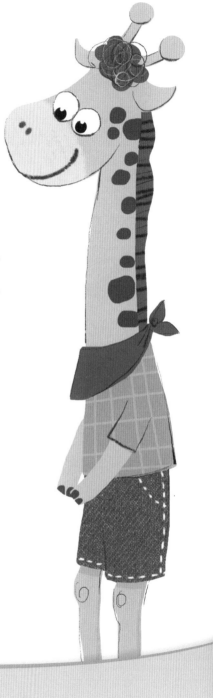

생각
키우기

4 기린은 텔레비전을 올려놓을 가구가 필요해요. 벤자민 아저씨는 어떤 모양의 가구를 생각할지 알맞은 것에 ○표 하세요.

드디어 기린이 주문한 가구가 완성되었어요.

기린은 의자에 앉아 손뼉을 쳤어요.

"우아, 이제 텔레비전을 편히 볼 수 있겠어요.

그리고 여러 가지 물건도 깔끔하게 보관할 수 있겠네요."

내용
파악하기

⑤ 기린은 벤자민 아저씨가 만들어 준 가구 덕분에 어떤 점이 편해졌는
지 (　　　) 안에서 알맞은 말을 골라 ○표 하세요.

① (책 , 텔레비전)을 편히 볼 수 있게 되었다.

② 여러 물건을 (오래 , 깔끔하게) 보관할 수 있게 되었다.

뚝딱 목공소는 조금씩 바빠졌어요.

"꽁지를 쫙 펴고 누울 수 있는 침
대를 만들어 주세요."

"놀기도 하고 공부도 할 수 있는
책상을 만들어 주세요."

"발밑에 집이 있다는 걸 알릴 수
있는 대문을 만들어 주세요."

**생각
키우기**

6 발밑에 집이 있다는 걸 알릴 수 있는 대문은 어떤 동물이 주문한 것
일지 상상해서 쓰세요.

그러던 어느 날, 무서운 손님이 찾아왔어요. 바로 사자였어요.

"여기가 무엇이든 만들어 주는 목공소요?"

벤자민 아저씨는 주문서를 들고 덜덜 떨었어요.

벤자민 아저씨는 밤낮으로 땀을 뻘뻘 흘리며 가구를 만들었어요.

마을의 동물들은 벤자민 아저씨를 바라보며 걱정했어요.

"사자가 어떤 가구를 주문했을까?"

"가구가 마음에 안 든다고 벤자민 아저씨를 잡아먹는 건 아니겠지?"

내용
파악하기

7 벤자민 아저씨는 사자에게 어떤 가구를 만들어 주었는지 쓰세요.

가 조절되는 식탁

드디어 사자가 주문한 가구가 완성되었어요!

혼자일 땐 짧게, 여럿일 땐 길게 조절하는 식탁이에요.

사자는 벤자민 아저씨와 동물들을 집으로 초대했어요.

"모두들 나를 무서워하는 것 같아 속상했어요. 이제 우리 집에 자주 놀러 오세요!"

벤자민 아저씨와 동물들은 모두 환하게 웃었어요.

생각
키우기

8 사자가 벤자민 아저씨와 동물들을 초대한 까닭으로 알맞은 것에 ◯표 하세요.

친하게 지내고 싶어서

식탁을 자랑하고 싶어서

생각 정리

1 『수상한 아저씨의 뚝딱 목공소』의 내용을 그림으로 정리했어요. 이야기의 순서에 맞게 빈칸에 알맞은 번호를 쓰세요.

6

1 내가 벤자민 아저씨라면 다람쥐에게 어떤 가구를 만들어 주고 싶은지 설명하거나 그려 보세요.

•••
도토리를 아무 데나 숨겨서 찾지 못하는 다람쥐에게는 어떤 가구가 필요할지 생각해 보세요.

2 동물들은 처음에 사자를 어떻게 생각했는지 쓰세요.

•••
동물들이 사자의 초대를 받고 사자의 말을 듣기 전에는 사자를 어떻게 생각했나요?

3 사자의 속마음을 알게 된 동물들은 사자에게 어떤 말을 했을지 쓰세요.

동물들이 속상해하는 사자의 마음을 알게 된 뒤에는 생각이 어떻게 달라졌을까요?

제목 쿵쿵이는 몰랐던 이상한 편견 이야기

지은이 허은실　　**출판사** 풀빛(2018년)

책 소개 쿵쿵이 친구 마리가 편견을 심어 주는 안경을 쓰고 학교에 오면서 일어나는 이야기이다. 우리 주변에는 어떤 편견이 있는지, 편견은 어떻게 생기는지, 편견을 없애는 방법은 무엇인지 생각해 볼 수 있다.

제목 착한 괴물 쿠마

지은이 미야베 미유키　　**옮긴이** 고향옥　　**출판사** 살림어린이(2018년)

책 소개 괴물 같은 외모 때문에 오랫동안 지켜 오던 마을을 떠나야 했던 착한 괴물 쿠마의 이야기이다. 나와 다른 사람에 대해 우리가 가졌던 고정 관념은 없는지, 누군가에게 그 사람의 외모에 대한 편견을 말한 적은 없는지 되돌아볼 수 있다.

제목 루빈스타인은 참 예뻐요

지은이 펩 몬세라트　　**옮긴이** 이순영　　**출판사** 북극곰(2014년)

책 소개 덥수룩한 수염 때문에 루빈스타인의 사랑스러운 눈과 매력적인 코, 섬세한 손, 고운 마음씨를 알아보지 못하는 사람들의 이야기를 담은 책이다. 진정한 아름다움은 눈이 아니라 마음으로 보는 것이라는 교훈을 준다.

자유롭게 그려 봐요! **창의력 테스트**

[난이도 : 상 中 하]

✹ 삐오삐오! 동네에 불이 났어요!
하마 소방관이 불을 끌 수 있도록 색연필로 물줄기를 그려 보세요.

● 정답은 가이드북 14쪽을 확인하세요.

2주

전래 동화 사회, 문화

짧아진 바지

☆ 독서논술계획표

❷ 공부한 날짜를 쓰고, 끝마친 단계에는 V표를 하세요.

읽기 전		읽는 중				읽은 후	
월	일	월	일	월	일	월	일
생각 열기	☐	생각 쌓기 1	☐	생각 쌓기 2	☐	생각 정리	☐
낱말 탐구	☐	내용 확인	☐	내용 확인	☐	생각 넓히기	☐

독서 노트   월   일

글의 제목과 그림을 살펴보고,
어떤 내용이 펼쳐질지 말해 보세요.

낱말 탐구

1 다음 그림에 어울리는 낱말을 찾아 ○표 하세요.

사용   사정

쓱쓱   질질

벌   뼘

용서   질서

2 다음 그림에 어울리는 낱말을 찾아 선으로 이으세요.

제가 한 게 아니에요.

· · 무덥다

· · 서툴다

· · 억울하다

잘 못하겠어.

· · 효성스럽다

💡 선비의 세 딸과 부자의 세 딸의 행동을 비교하며 읽어 보세요.

짧아진 바지

옛날 어느 마을에 딸 셋을 가진 부자가 살았어요.

부자는 자기 딸들이 세상에서 가장 효성스럽다고 생각했어요. 그런데 사람들은 이웃 마을에 사는 선비의 세 딸이 효성스럽다고 칭찬했어요.

부자는 선비의 세 딸이 얼마나 효성스러운지 궁금했어요.

내용 파악하기

1 부자가 선비네 집에 찾아간 까닭은 무엇인지 쓰세요.

선비의 세 딸이 얼마나 [　][　]스러운지 궁금해서

어느 무더운 여름날, 부자는 선비네 집에 찾아갔어요.

아니 그런데 선비가 무릎이 다 드러나는 바지를 입고 있지 뭐예요.

부자는 이상한 생각이 들어 선비에게 물어보았어요.

"어찌하여 그렇게 짧은 바지를 입고 계십니까?"

선비는 껄껄 웃으면서 바지가 짧아진 사정을 이야기해 주었어요.

내용
파악하기

2 부자가 선비를 보고 이상하게 생각한 점은 무엇인지 쓰세요.

선비가 〔　　　〕 바지를 입고 있는 것

얼마 전에 선비는 옷을 한 벌 지었어요. 그런데 바지가 너무 길어서 땅에 질질 끌렸어요.

선비는 세 딸에게 말했어요.

"얘들아, 누가 내 바지를 한 뼘만 줄여 다오."

세 딸은 모두 알겠다고 대답했어요.

내용 파악하기

3 선비가 세 딸에게 부탁한 것은 무엇인지 (   ) 안에서 알맞은 말을 골라 ○표 하세요.

바지를 한 뼘만 (늘여 , 줄여) 달라는 것

다음 날 오후가 되었어요.

선비는 바지를 입어 보고 깜짝 놀랐어요. 바지가 너무 짧아져서 무릎이 다 드러났기 때문이에요.

선비는 세 딸을 불러 말했어요.

"바지가 너무 짧구나. 내가 한 뼘만 줄여 달라고 하지 않았느냐?"

생각
키우기

4 다음 날 오후, 바지를 입어 본 선비는 세 딸을 불러 어떤 목소리로 말했을지 알맞은 것에 ◯표 하세요.

지친 목소리   놀란 목소리   기쁜 목소리

“참 이상하네요. 제가 분명히 한 뼘만 줄였는데요.”

“어머나! 전 그런 줄도 모르고 또 한 뼘을 줄였지 뭐예요.”

“사실은 저도 한 뼘을…….”

세 딸은 어쩔 줄 몰라 하며 아버지께 용서를 빌었어요.

“괜찮다, 얘들아. 이 바지야말로 나한테 잘 맞는 바지란다.”

선비는 너그럽게 웃으며 말했어요.

내용 파악하기

5 선비의 바지는 모두 몇 뼘 줄었는지 쓰세요.

[ ] 뼘

부자는 선비의 이야기를 다 듣고 집으로 갔어요. 그러고는 세 딸을
불러 놓고 선비와 똑같이 말했어요.

"바지가 너무 길구나. 내일 점심때까지 한 뼘만 줄여 다오."

세 딸은 모두 대답했어요.

"네."

생각
키우기

6 선비의 세 딸을 칭찬하는 말로 알맞은 것을 두 가지 찾아 ○표 하세요.

> 정직하구나!   똑똑하구나!
>
> 효성스럽구나!   참을성이 있구나!

다음 날, 부자는 바지를 입어 보았어요. 하지만 어제 그대로였어요.

부자는 세 딸에게 어찌 된 일인지 물었어요.

첫째 딸이 깜짝 놀라며 대답했어요.

"전 둘째가 줄여 놓은 줄 알았는데요."

"뭐야, 언니! 왜 내가 해? 막내가 있는데."

둘째 딸은 억울하다는 듯이 말했어요.

셋째 딸도 지지 않고 말했어요.

"난 아직 바느질도 서툴러. 그런 건 언니들이 알아서 해야지."

그 모습을 지켜보던 부자는 한숨을 푹 내쉬었어요.

내용
파악하기

7 부자가 세 딸에게 줄여 달라고 부탁했던 바지는 어떻게 되어 있었는지 쓰세요.

8 부자의 마음은 어떻게 변했을지 알맞은 것에 ○표 하세요.

기대된다. ➡ (감동적이다.　　실망스럽다.)

생각 정리

1 『짧아진 바지』의 내용을 그림으로 정리했어요. 이야기의 순서에 맞게 빈 칸에 알맞은 번호를 쓰세요.

생각 넓히기

1 부자의 세 딸에게 어떤 충고를 해 줄 수 있을지 쓰세요.

부자의 세 딸에게 부족한 점은 무엇일지 생각해 보세요.

 '충고'는 다른 사람의 부족한 점이나 잘못을 좋게 타이르는 것을 말해.

2 선비의 바지를 한 뼘만 줄일 수는 없었을까요? 어떻게 하면 바지를 한 뼘만 줄일 수 있었을지 쓰세요.

●●●
선비의 세 딸뿐만 아니라 선비가 어떻게 했어야 바지를 한 뼘만 줄일 수 있었을지도 생각해 보세요.

3 효도가 무엇인지 생각해 본 적이 있나요? 내가 어떻게 하는 것이 부모님께 효도하는 것일지 쓰세요.

●●●
내가 평소 어떻게 할 때 부모님이 기뻐하셨는지 떠올려 보세요.

제목 효자가 된 불효자

지은이 박신식   **출판사** 하루놀(2019년)

책 소개 효자인 김 선비가 불효자인 귀남이를 집으로 데려가 예절을 가르쳐 변화시킨다는 내용이다. 귀남이의 모습을 통해 자신의 모습을 돌아보고 진정한 효란 무엇인지 다시 한 번 생각해 볼 수 있다.

제목 한번 보러 오지 않을래?

지은이 박종진   **출판사** 키즈엠(2015년)

책 소개 도시에 사는 가족들을 자주 만날 수 없어 가족이 그리운 할머니가 가족들에게 전화를 걸어 할머니가 겪은 신기하고 재미있는 일을 들려준다는 내용이다. 효를 실천하는 방법과 가족의 소중함을 일깨워 준다.

제목 우리 할아버지

지은이 정설희   **출판사** 노란돼지(2013년)

책 소개 '치매'를 어린이의 눈높이에 맞춰 풀어낸 책이다. 아이가 치매에 걸려 낯설어진 할아버지의 모습을 이해하고 받아들이는 과정을 통해 가족의 소중함과 사랑을 표현하고 있다.

두 눈을 크게 떠요! **집중력 테스트**

[난이도 : 상 중 하]

★ 숲속에 악어가 총 몇 마리 있는지 세어 보세요.

마리

● 정답은 가이드북 14쪽을 확인하세요.

3주

창작 동화 인문, 과학

레옹을 부탁해요

박은숙

🏅 독서논술계획표

● 공부한 날짜를 쓰고, 끝마친 단계에는 V표를 하세요.

읽기 전			읽는 중					읽은 후		
	월	일		월	일		월	일		월	일
생각 열기		☐	생각 쌓기 1		☐	생각 쌓기 2		☐	생각 정리		☐
낱말 탐구		☐	내용 확인		☐	내용 확인		☐	생각 넓히기		☐

독서 노트	월	일

글의 제목과 그림을 살펴보고,
어떤 내용이 펼쳐질지 말해 보세요.

낱말 탐구

1 다음 그림에 어울리는 낱말을 찾아 ◯표 하세요.

경계하다   경주하다

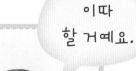

대결하다   대꾸하다

부탁하다   부풀리다

관리   관심

2 다음 그림에 어울리는 낱말을 찾아 선으로 이으세요.

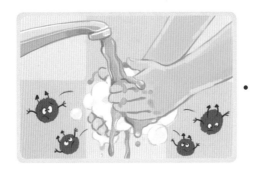

•

• 병균

주인이
없나 봐.

•

• 배설물

•

• 길고양이

나는 햇볕을
많이 쬐면 안 돼.

•

• 알레르기

생각 쌓기

💡 글에 나오는 사람들이 레옹을 어떻게 생각하는지 살펴
보며 읽어 보세요.

레옹을 부탁해요

박은숙

윤서는 오늘도 놀이터에 앉아 있어요. 길고양이 레옹 때문이지요.

윤서가 레옹을 처음 만난 건 지난봄이었어요.

윤서는 비를 맞고 있는 레옹에게 우산을 씌워 주었어요.

그때부터 레옹이 윤서의 마음속에 들어왔어요.

내용 파악하기

1 레옹은 누구인지 쓰세요.

레옹의 진짜 이름은 레옹이 아닐 수도 있어요.

레옹은 윤서가 지어 준 이름이거든요.

레옹이 처음부터 윤서 곁에 다가온 건 아니에요.

처음에는 무척 경계했지요.

먹을 것을 주면서 조금씩 친해졌어요.

생각
키우기

2 레옹은 또 어떤 이름을 갖고 있었을지 상상해서 쓰세요.

"윤서야, 너 여기서 뭐 해?"

돌아보니 207호 아줌마예요.

"레옹이 배고플까 봐 먹을 걸 줬어요."

"걔 이름이 레옹이구나. 너무 가까이 가지 마. 병균 옮는다!"

아줌마는 걱정스러운 듯 말씀하시더니 돌아서 가셨어요.

 **내용 파악하기**

3 207호 아줌마가 윤서에게 레옹 가까이 가지 말라고 하신 까닭은 무엇인지 쓰세요.

이 옮을 수 있기 때문에

잠시 뒤, 할아버지 한 분이 다가오셨어요.

"아이고, 저 털 좀 봐! 왜 자꾸 길고양이한테 먹이를 주나 몰라. 그러니까 계속 얻어먹으려고 찾아오잖아."

윤서는 뭐라고 대꾸하고 싶었지만 아무 말도 할 수 없었어요.

생각 키우기

4 레옹에 대한 할아버지의 생각으로 알맞은 것에 ○표 하세요.

| 귀엽다. | 더럽다. | 불쌍하다. |

길고양이한테 먹이를 주지 맙시다!

1. 길고양이의 털과 배설물을 통해 병균이 옮을 수 있습니다.

2. 길고양이가 차를 망가뜨리기도 하고, 울음 소리 때문에 밤에 시끄럽습니다.

내용 파악하기

5 윤서네 아파트 게시판에 붙은 글의 내용은 무엇인지 쓰세요.

길고양이한테 [|]를 주지 마세요.

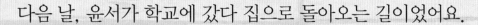

다음 날, 윤서가 학교에 갔다 집으로 돌아오는 길이었어요.

아파트 게시판에 글이 하나 붙어 있었어요.

길고양이한테 먹이를 주지 말라는 내용이었어요.

윤서는 집에 들어서자마자 엄마한테 부탁했어요.

"엄마! 우리가 레옹을 키우면 안 돼요?"

"길고양이를 함부로 데려다 키울 수는 없어. 그리고 아빠는 고양이

알레르기가 있잖아."

윤서는 레옹이 당장 어떻게 될 것만 같아 가만히 있을 수 없었어요.

생각
키우기

6 레옹에 대한 윤서의 생각으로 알맞은 것에 ○표 하세요.

무섭다.	더럽다.	불쌍하다.

다음 날, 윤서는 놀이터로 갔어요. 그날따라 레옹은 빨리 나타나지 않았어요. 한참 지나 레옹이 나타났어요.

윤서는 레옹 옆에 앉아 레옹을 키워 줄 사람을 찾는다고 쓴 스케치북을 들었어요. 그러나 아무도 관심을 가지지 않았어요.

윤서는 내일 다시 오기로 하고 집으로 갔어요.

7 레옹은 어떻게 되었는지 쓰세요.

그런데 다음 날도, 그다음 날도 레옹을 볼 수 없었어요. 레옹이 사라진 거예요.

엄마는 레옹이 좋은 주인을 만났을지도 모른대요.

하지만 윤서는 매일 꿈을 꿔요. 배고픈 레옹이 길을 헤매는 꿈을요.

윤서는 매일 마음속으로 생각해요.

'레옹을 부탁해요.'

생각
키우기

8 윤서는 어떤 아이인지 알맞은 것에 ○표 하세요.

동물을 사랑하는 아이	약속을 잘 지키는 아이

생각 정리

1 『레옹을 부탁해요』의 내용을 그림으로 정리했어요. 이야기의 순서에 맞게 빈칸에 알맞은 번호를 쓰세요.

1 내가 레옹이라면 윤서에게 어떤 말을 하고 싶을지 쓰세요.

자신을 도와주려고 애
쓰는 사람에게 어떤
마음이 들지 생각해
보세요.

2 사라진 레옹은 어떻게 되었을지 뒷이야기를 상상해서 쓰세요.

레옹에게 어떤 일이
생겼을지 자유롭게 상
상해 보세요.

3 길고양이에게 먹이를 주는 일에 대한 자신의 생각을 정해서 ○표 하고, 그렇게 생각하는 까닭을 간단히 쓰세요.

길고양이에 대한 내 생각을 정리해 보세요.

길고양이에게

먹이를 주어야 한다.

그렇게 생각하는 까닭: ✏

길고양이에게

먹이를 주면 안 된다.

그렇게 생각하는 까닭: ✏

이런 책도 있어요

제목 점복이 깜정이

지은이 고정순 　　　 **출판사** 웅진주니어(2017년)

책 소개 주인공 점복이와 깜정이는 버려진 강아지이다. 게다가 깜정이는 왼쪽 다리가 짧기까지 하다. 주인에게 버려졌다가 동네 사람들의 보살핌을 받고 서로 의지하며 살게 된 두 강아지의 이야기를 통해 함께 살아가는 것에 대해 생각해 볼 수 있다.

제목 길고양이 콩가

지은이 잉그리드 리 　　　 **옮긴이** 정회성 　　　 **출판사** 별천지(2013년)

책 소개 주인공 빌리가 길고양이 소탕 작전을 벌이는 마을 어른들로부터 콩가를 지키기 위해 노력하는 내용으로, 어린이와 동물의 따뜻한 우정을 다루었다. 길고양이 문제에 대해서 생각해 볼 수 있다.

제목 로드킬, 우리 길이 없어졌어요

지은이 김재홍 　　　 **출판사** 스푼북(2013년)

책 소개 사람들 때문에 길 위에서 죽어 가고 있는 동물들의 이야기로, 도로에서 친구를 잃은 강아지와 가족을 잃은 너구리가 살기 좋은 곳을 찾아 헤매는 내용이다. 다른 생명에 대한 배려가 얼마나 소중한지 일깨워 준다.

재미로 보는 **심리 테스트**

[적중률 : 상 ⭐중⭐ 하]

🌸 가족들과 바닷가로 낚시를 갔어요.
앗! 낚싯줄에 무언가 걸린 것 같은데, 다음 중 어떤 것이 잡혔을까요?

① 돌고래

② 해마

③ 물고기

④ 꽃게

● 결과는 가이드북 14쪽을 확인하세요.

4주

명작 동화 인문, 사회

어리석은 소원

샤를 페로

🏅 독서논술계획표

◉ 공부한 날짜를 쓰고, 끝마친 단계에는 V표를 하세요.

읽기 전		읽는 중				읽은 후	
월	일	월	일	월	일	월	일
생각 열기	☐	생각 쌓기 1	☐	생각 쌓기 2	☐	생각 정리	☐
낱말 탐구	☐	내용 확인	☐	내용 확인	☐	생각 넓히기	☐

독서 노트   월   일

생각 열기

글의 제목과 그림을 살펴보고,
어떤 내용이 펼쳐질지 말해 보세요.

1 다음 그림에 어울리는 낱말을 찾아 ◯표 하세요.

고기가 없어요.

| 만족 | 불평 |

백 점 받게 해 주세요.

| 소개 | 소원 |

아빠께서 다음 주에 오신대요.

| 소식 | 시식 |

숙제를 언제 다 하지?

| 산더미 | 잿더미 |

2 다음 그림에 어울리는 낱말을 찾아 선으로 이으세요.

•   •   척척

•   •   고래고래

•   •   당부하다

•   •   투덜거리다

생각 쌓기

💡 나무꾼이 어떤 소원을 비는지 차례대로 살펴보며 읽어 보세요.

어리석은 소원

샤를 페로

옛날에 늘 투덜거리며 불평을 하는 나무꾼이 살았어요.

"아니, 이 나무는 왜 이렇게 길어?"

"또 나무를 해야 하다니 힘들어 죽겠군."

내용 파악하기

1 신은 나무꾼에게 무엇을 해 주겠다고 했는지 쓰세요.

세 가지 ☐☐ 을 들어주겠다.

어느 날, 나무꾼이 또 투덜거리며 나무를 하고 있었어요.

그때 신이 나타나 말했어요.

"너는 참 불만도 많구나! 내가 세 가지 소원을 들어주겠다."

"정말이죠? 진짜 들어주시는 거죠?"

나무꾼은 신에게 몇 번이나 확인했어요.

생각
키우기

2 다음 중 불평하는 말에 해당하는 것을 모두 찾아 ○표 하세요.

싫어.	고마워.	소중해.
힘들어.	짜증 나.	재미있어.

나무꾼은 집에 돌아와 아내에게 기쁜 소식을 전했어요.

아내는 무척 행복해하며 나무꾼을 부둥켜안았어요.

잠시 뒤, 아내는 나무꾼에게 당부했어요.

"제발 아무거나 말하지 마세요. 잘 생각해

보고 말해야 해요."

나무꾼은 활짝 웃으며 고개

를 끄덕였어요.

**생각
키우기**

**❸ 아내가 나무꾼에게 당부한 것은 무엇인지 (   ) 안에서 알맞은 말
을 골라 ○표 하세요.**

(대충 , 신중하게) 생각해서 말해라.

그날 밤, 나무꾼은 어떤 소원을 빌지 생각하다가 배가 고파졌어요.

그래서 자기도 모르게 중얼거리고 말았어요.

"아, 배고파. 맛있는 소시지가 있었으면 좋겠군."

그때 갑자기 하늘에서 소시지가 쏟아져 내렸어요.

내용
파악하기

4 나무꾼의 첫 번째 소원은 무엇인지 쓰세요.

맛있는 □□□ 를 얻는 것

아내는 시끄러운 소리에 잠이 깨 부엌으로 갔어요.

나무꾼은 산더미처럼 쌓인 소시지 앞에서 어쩔 줄 몰라 하고 있었어요.

아내는 화가 잔뜩 나서 소리쳤어요.

"맙소사, 소시지라니! 이런 멍청이 같으니라고!"

나무꾼도 화가 나서 소리를 버럭 질렀어요.

"에잇, 코에 소시지나 확 붙어 버려라!"

그러자 기다란 소시지가 아내의 코에 척척 붙었어요.

"으악!"

아내는 고래고래 소리를 질렀어요.

생각
키우기

5 아내가 화가 난 까닭은 무엇인지 (　　　) 안에서 알맞은 말을 골라
○표 하세요.

나무꾼이 (대단한 , 어려운 , 어리석은) 소원을 말해서

내용
파악하기

6 나무꾼의 두 번째 소원은 무엇인지 쓰세요.

소시지가 아내의 　　 에 붙는 것

이제 나무꾼은 소원을 한 번만 빌 수 있었어요.

부자가 되는 소원, 왕이 되는 소원……. 나무꾼이 빌고 싶었던 소원은 무척 많았어요.

그러나 다른 소원을 빌 수는 없었어요.

나무꾼은 힘없이 마지막 소원을 말했어요.

"아내의 코에서 소시지를 떼어 주세요."

내용
파악하기

7 나무꾼이 세 가지 소원을 빌어서 얻은 것은 무엇인지 쓰세요.

아내의 코에 붙어 있던 소시지들이 와르르 떨어졌어요.

세 가지 소원이 다 이루어진 거예요.

그렇게 나무꾼이 세 가지 소원을 말해서 얻은 것은 소시지뿐이었어요.

그러나 그날 이후 나무꾼과 아내는 투덜거리지 않고 사이좋게 잘 살았어요.

생각
키우기

8 마지막 소원을 말할 때 나무꾼의 마음으로 알맞은 것에 ○표 하세요.

두렵다.   심심하다.   후회된다.   기대된다.

생각 정리

1 『어리석은 소원』의 내용을 그림으로 정리했어요. 이야기의 순서에 맞게
빈칸에 알맞은 번호를 쓰세요.

1 아내는 식탁에 쌓여 있는 소시지를 보고, 다음과 같이 나무꾼에게 화를 냈어요. 아내가 나무꾼에게 한 말을 고운 말로 바꾸어 쓰세요.

• • •
아내가 나무꾼에게 어떻게 말해야 나무꾼의 기분이 상하지 않을지 생각해 보세요.

맙소사, 소시지라니! 이런 멍청이 같으니라고!

2 나무꾼이 한 일을 떠올려 나무꾼에게 해 주고 싶은 말을 쓰세요.

나무꾼이 잘한 일이
나 잘못한 일을 생각
해서 하고 싶은 말을
떠올려 보세요.

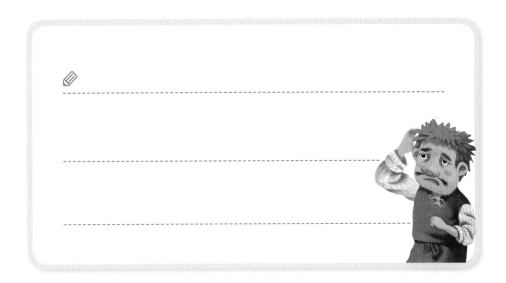

3 신이 소원을 들어준다면, 나는 어떤 소원을 빌지 한 가지 떠올려
쓰세요.

내가 평소 이루고 싶
었던 소원을 떠올려
보세요.

소원을 들어줄 테니
말해 보거라.

이런 책도 있어요

제목 **세 개의 체**

지은이 김진락　　　**출판사** 조선소리봄인성연구소(2017년)

책 소개 아무 생각 없이 떠벌리기 좋아하는 사람이 세 개의 체에 차례대로 할 말을 거르는 과정을 통해 신중하게 말해야 한다는 것을 깨닫게 된다는 내용의 이야기이다. 함부로 남의 말을 하거나 아무 말이나 하기 좋아하는 어린이에게 깨달음을 준다.

제목 **마법사의 예언**

지은이 호르헤 부카이　　　**옮긴이** 김유진　　　**출판사** 키위북스(2018년)

책 소개 강력한 권력을 휘두르는 교만한 왕이 예언 능력을 지닌 마법사를 만나 그의 예언으로 인해 진정한 소통을 배우며 어진 왕으로 변화하는 이야기를 담은 책이다.

제목 **할머니는 왕 스피커**

지은이 장지혜　　　**출판사** 주니어김영사(2011년)

책 소개 무슨 일이든 스피커에 대고 왕왕 떠들 듯 동네 사람들에게 말해 버리는 할머니와, 그런 할머니 때문에 늘 화가 나 있는 손녀 윤서의 유쾌한 소동을 그린 이야기이다. 책을 읽으며 말의 소중함에 대해 생각해 볼 수 있다.

두 눈을 크게 떠요! 집중력 테스트

[난이도 : 상 중 하]

★ 서로 다른 부분 6군데를 찾아 ○표 해 보세요.

● 정답은 가이드북 14쪽을 확인하세요.

▶ 위에 제시되지 않은 사진이나 이미지는 사용료를 지불하고 셔터스톡 코리아에서 대여했음을 밝힙니다.

글
1주 『**수상한 아저씨의 뚝딱 목공소**』 윤희정 글 | 키즈엠 | 2015년

▶ 위에 제시되지 않은 사진이나 이미지는 사용료를 지불하고 셔터스톡 코리아에서 대여했음을 밝힙니다.
▶ 길벗스쿨은 이 책에 실린 모든 글과 사진의 출처를 찾기 위해 최선의 노력을 기울였습니다.
　저작권자를 찾지 못해 허락을 받지 못한 글과 사진은 저작권자가 확인되는 대로 통상의 사용료를 지불하겠습니다.

앗!
본책의 가이드북을 분실하셨나요?
길벗스쿨 홈페이지에 들어오시면
내려받으실 수 있습니다.

기적의
독서 논술

가이드북

P2권

가이드북 활용법

독해 문제의 경우에만 정답을 확인하시고 정오답을 체크해 주시면 됩니다.

낱말 탐구에 제시된 어휘의 뜻은 국립국어원의 국어사전 내용을 기준으로 풀이하여 실었습니다.

그 외 서술·논술형 문제에 해당하는 예시 답안은 참고만 하셔도 됩니다.

아이의 다양한 생각이 예시 답과 다르다고 하여 틀렸다고 결론 내지 마세요.

아이 나름대로 근거가 있고, 타당한 대답이라면 정답으로 인정합니다.

이치에 맞지 않은 답을 한 경우에만 수정하고 정정할 기회를 주시기 바랍니다.

답을 찾는 과정에 집중해 주세요.

다소 엉뚱하지만 창의적이고,
기발하면서 논리적인 대답에는 폭풍 칭찬을 잊지 마세요!

부디 너그럽고 논리적인 독서 논술 가이드가 되길 희망합니다.

16쪽

1 한 장면 생각 표현

아빠는 이제 예서가 자전거를 혼자 탈 수 있을 것 같아서 슬쩍 손을 놓았어요. 예서는 그런 줄도 모르고 자전거를 혼자 타고 달렸어요.

사실 표현

1 이 장면에 어울리는 문장을 고르세요.

> 아빠는 예서의 자전거를 계속 잡아 주셨어요. ( )
>
> 예서는 아빠의 도움을 받아 자전거 타는 연습을 했어요. (○)

16 기적의 독서 논술

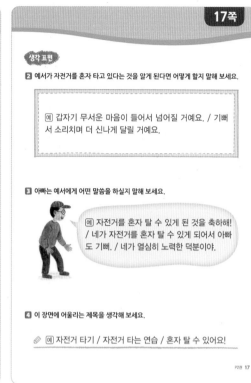

17쪽

생각 표현

2 예서가 자전거를 혼자 타고 있다는 것을 알게 된다면 어떻게 할지 말해 보세요.

> 예 갑자기 무서운 마음이 들어서 넘어질 거예요. / 기뻐서 소리치며 더 신나게 달릴 거예요.

3 아빠는 예서에게 어떤 말씀을 하실지 말해 보세요.

> 예 자전거를 혼자 탈 수 있게 된 것을 축하해! / 네가 자전거를 혼자 탈 수 있게 되어서 아빠도 기뻐. / 네가 열심히 노력한 덕분이야.

4 이 장면에 어울리는 제목을 생각해 보세요.

✎ 예 자전거 타기 / 자전거 타는 연습 / 혼자 탈 수 있어요!

P2권 17

해설

2 자전거를 혼자 타게 된 것을 알았을 때 예서의 마음은 어떠할지 생각해 보고, 이어질 상황을 상상해 봅니다.

3 내가 예서라면 아빠께 어떤 말을 듣고 싶을지 생각해 보아도 좋습니다.

4 아빠의 도움을 받아 자전거 타는 연습을 하던 예서가 혼자 자전거를 탈 수 있게 되었다는 내용에 어울리는 제목을 생각해 봅니다.

18쪽

2 한 장면 생각 표현

"내가 가지고 놀 거야!"
"아니야, 내가 가지고 놀 거야!"
서아와 서호는 서로 고미고미를 잡아당겼어요.

사실 표현

1 이 장면에 어울리는 문장을 고르세요.

> 서아와 서호가 곰 인형을 두고 다투었어요. (○)
>
> 서아와 서호는 언제나 사이가 좋아요. ( )

18 기적의 독서 논술

19쪽

생각 표현

2 고미고미는 어떤 마음일지 말해 보세요.

> 예 아파서 화가 나. / 싸우기만 하는 서아와 서호가 안타까워.

3 어떻게 하면 서아와 서호가 다투지 않고 놀 수 있을지 말해 보세요.

> 예 고미고미를 번갈아 가며 가지고 놀아요. / 아무도 고미고미를 가지고 놀지 않고 다른 놀이를 해요.

4 이 장면에 어울리는 제목을 생각해 보세요.

✎ 예 내 거야! / 서아와 서호의 다툼 / 괴로운 고미고미

P2권 19

해설

2 자신을 함부로 다루며 다투는 서아와 서호에게 어떤 마음이 들지 생각해 봅니다.

3 고미고미 때문에 생긴 다툼을 어떻게 하면 해결할 수 있을지 생각해 봅니다.

4 서아와 서호가 고미고미를 서로 가지고 놀겠다며 다투었다는 내용에 어울리는 제목을 생각해 봅니다.

20쪽

③ 한 장면 생각 표현

윤아가 지호에게 말했어요.
"사탕 먹을래?"
"먹고는 싶지만……."
지호는 사탕을 받지 않았어요.

사실 표현

1 이 장면에 어울리는 문장을 두 가지 고르세요.

지호는 사탕을 먹지 않았어요.	(○)
윤아가 지호에게 사탕을 주려고 했어요.	(○)
지호는 윤아가 주는 사탕을 받았지만 먹지 않았어요.	( )

20 기적의 독서 논술

21쪽

생각 표현

2 지호가 사탕을 받지 않은 까닭을 상상해서 지호가 할 말을 완성해 보세요.

먹고는 싶지만, 예 이가 썩어서 치료를 받고 있어서 먹을 수 없어. / 이미 간식을 너무 많이 먹어서 먹으면 안 될 것 같아.

3 지호가 위와 같이 말했을 때, 윤아는 어떤 생각을 할지 말해 보세요.

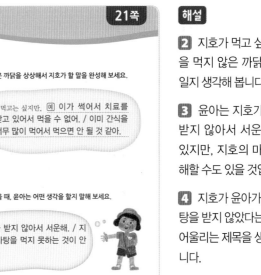

예 지호가 사탕을 받지 않아서 서운해. / 지호가 먹고 싶은 사탕을 먹지 못하는 것이 안타까워.

4 이 장면에 어울리는 제목을 생각해 보세요.

✍ 예 사탕 / 먹고 싶은 사탕 / 못 먹는 사탕

P2권 21

해설

2 지호가 먹고 싶은 사탕을 먹지 않은 까닭이 무엇일지 생각해 봅니다.

3 윤아는 지호가 사탕을 받지 않아서 서운할 수도 있지만, 지호의 마음을 이해할 수도 있을 것입니다.

4 지호가 윤아가 주는 사탕을 받지 않았다는 내용에 어울리는 제목을 생각해 봅니다.

22쪽

④ 한 장면 생각 표현

민재는 엄마를 보며 말했어요.
"엄마, 저는 여름이 제일 좋아요! 아이스크림을 실컷 먹을 수 있으니까요."

사실 표현

1 이 장면에 어울리는 내용이 되도록 문장을 완성해 보세요.

민재가 제일 좋아하는 계절은 (여름)이에요. 왜냐하면 (아이스크림)을 실컷 먹을 수 있기 때문이에요.

22 기적의 독서 논술

23쪽

생각 표현

2 나는 어떤 계절을 가장 좋아하는지 생각해 보고, 그 까닭과 함께 말해 보세요.

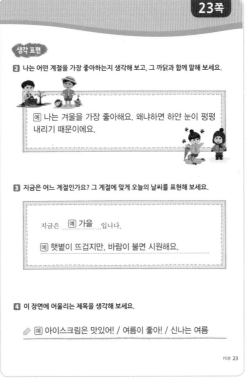

예 나는 겨울을 가장 좋아해요. 왜냐하면 하얀 눈이 펑펑 내리기 때문이에요.

3 지금은 어느 계절인가요? 그 계절에 맞게 오늘의 날씨를 표현해 보세요.

지금은 예 가을 입니다.

예 햇볕이 뜨겁지만, 바람이 불면 시원해요.

4 이 장면에 어울리는 제목을 생각해 보세요.

✍ 예 아이스크림은 맛있어! / 여름이 좋아! / 신나는 여름

P2권 23

해설

2 내가 좋아하는 계절의 좋은 점이 잘 드러나도록 까닭을 써 봅니다.

3 '덥다.', '춥다.', '비가 온다.', '눈이 내린다.'와 같이 간단히 표현하지 말고 자세히 표현해 봅니다.

4 민재가 아이스크림을 맛있게 먹은 것이나 여름이 좋다고 말한 내용에 어울리는 제목을 생각해 봅니다.

24쪽

5 한 장면 생각 표현

이제 자기 차례를 기다리고 있는 사람은 슬기뿐이에요.
'으……, 이제 곧 내 이름을 부르겠지?'
슬기는 어딘가로 도망가고 싶었어요.

사실 표현

1 이 장면에 어울리는 내용이 되도록 문장을 완성해 보세요.

> 슬기가 있는 곳은 (치과)예요. 슬기는 진료를 받기 위해 자기 (차례)를 기다리고 있어요.

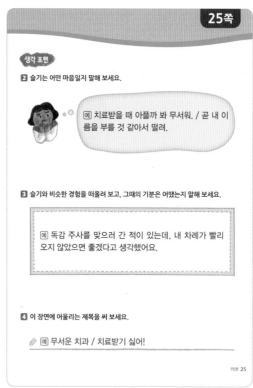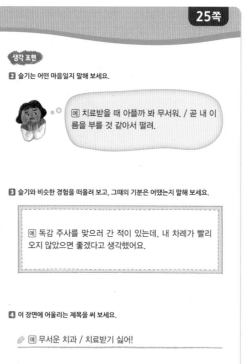

25쪽

생각 표현

2 슬기는 어떤 마음일지 말해 보세요.

> 예 치료받을 때 아플까 봐 무서워. / 곧 내 이름을 부를 것 같아서 떨려.

3 슬기와 비슷한 경험을 떠올려 보고, 그때의 기분은 어땠는지 말해 보세요.

> 예 독감 주사를 맞으러 간 적이 있는데, 내 차례가 빨리 오지 않았으면 좋겠다고 생각했어요.

4 이 장면에 어울리는 제목을 써 보세요.

> 예 무서운 치과 / 치료받기 싫어!

2 슬기는 치료받는 것이 무서워 긴장하고 있습니다.

3 병원에 치료를 받거나 주사를 맞으러 간 경험 등을 떠올려 봅니다.

4 치과에서 차례를 기다리는데, 치료받기 무서워서 도망가고 싶었다는 내용에 어울리는 제목을 생각해 봅니다.

26쪽

6 한 장면 생각 표현

"민주야, 엄마가 좋아, 아빠가 좋아?"
엄마가 갑자기 물어보셨어요. 그런데 민주는 대답을 하지 못했어요.
'엄마는 왜 이런 질문을 할까요?'

사실 표현

1 이 장면에 어울리는 내용이 되도록 문장을 완성해 보세요.

> 엄마는 민주에게 (질문)을 했지만, 민주는 (대답)을 하지 못했어요.

27쪽

생각 표현

2 내가 민주라면 다음 질문에 어떻게 대답할지 말해 보세요.

> 엄마가 좋아, 아빠가 좋아?

> 예 엄마가 좋을 때도 있고, 아빠가 좋을 때도 있어요.

3 나는 부모님께 어떤 질문을 하고 싶은지 말해 보세요.

> 예 엄마는 우리 가족 중에서 누가 제일 좋아요? / 엄마는 회사에서 무슨 일을 해요? / 아빠는 엄마를 얼마나 사랑해요?

4 이 장면에 어울리는 제목을 써 보세요.

> 예 이상한 질문 / 대답하기 어려워요!

2 한 번쯤은 받아 봤을 곤란한 질문에 어떻게 답할지 생각해 봅니다.

3 평소 궁금하지만 묻지 못했던 질문, 왜 물어보는지 이해할 수 없는 질문, 대답하기 곤란한 질문 등 다양하게 생각해 봅니다.

4 민주가 엄마로부터 곤란한 질문을 받았다는 내용에 어울리는 제목을 생각해 봅니다.

28쪽

7 한 장면 생각 표현

훈이는 거울을 보며 30년 뒤 자신의 모습을 상상해 보았어요.

사실 표현

1 거울 속의 훈이는 거울 밖의 훈이와 어떤 점이 다른지 말해 보세요.

> 예 인형 대신 가방을 들고 있어요. / 넥타이를 매고 있어요.

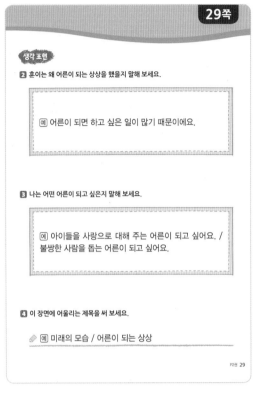

29쪽

생각 표현

2 훈이는 왜 어른이 되는 상상을 했을지 말해 보세요.

> 예 어른이 되면 하고 싶은 일이 많기 때문이에요.

3 나는 어떤 어른이 되고 싶은지 말해 보세요.

> 예 아이들을 사랑으로 대해 주는 어른이 되고 싶어요. / 불쌍한 사람을 돕는 어른이 되고 싶어요.

4 이 장면에 어울리는 제목을 써 보세요.

> 예 미래의 모습 / 어른이 되는 상상

해설

2 나는 평소 어떨 때 어른이 되는 상상을 했는지 생각해 봅니다.

3 어떤 직업을 가질지 생각하는 것도 좋지만, 어떤 생각을 가지고 어떤 모습으로 살아갈지 생각해 보는 시간을 가져 봅니다.

4 미래 자신의 모습을 상상했다는 내용에 어울리는 제목을 생각해 봅니다.

30쪽

8 한 장면 생각 표현

사실 표현

1 장면 ①의 내용을 말해 보세요.

> 예 알에서 깨어난 아기 새가 배가 고프다고 했어요. / 두 개의 알 중에서 먼저 깨어난 아기 새가 어미 새에게 배가 고프다고 했어요.

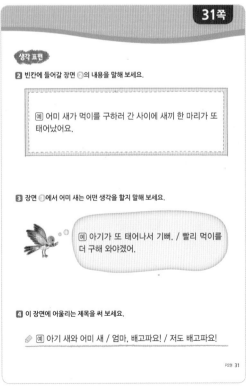

31쪽

생각 표현

2 빈칸에 들어갈 장면 ②의 내용을 말해 보세요.

> 예 어미 새가 먹이를 구하러 간 사이에 새끼 한 마리가 또 태어났어요.

3 장면 ④에서 어미 새는 어떤 생각을 할지 말해 보세요.

> 예 아기가 또 태어나서 기뻐. / 빨리 먹이를 더 구해 와야겠어.

4 이 장면에 어울리는 제목을 써 보세요.

> 예 아기 새와 어미 새 / 엄마, 배고파요! / 저도 배고파요!

해설

2 장면 ❸을 통해 어미 새가 먹이를 구하러 간 사이에 어떤 일이 있었는지 알 수 있습니다.

3 새로 태어난 아기 새가 배고프다고 했을 때 어미 새는 어떤 생각을 했을지 생각해 봅니다.

4 어미 새가 먹이를 구하러 간 사이에 새끼 한 마리가 더 태어나 배고프다고 했다는 내용에 어울리는 제목을 생각해 봅니다.

1주 수상한 아저씨의 뚝딱 목공소

32~33쪽

읽기 전 생각 열기

㉠ 숲속 동물들이 뚝딱 목공소의 목수 아저씨가 무엇을 하는 사람인지 몰라 아저씨를 이상하게 생각했지만, 아저씨가 동물들에게 여러 가지 가구를 만들어 주어 동물들과 아저씨가 친해질 것이다.

읽기 전 낱말 탐구

34~35쪽

1 다음 그림에 어울리는 낱말을 찾아 ○표 하세요.

2 다음 그림에 어울리는 낱말을 찾아 선으로 이으세요.

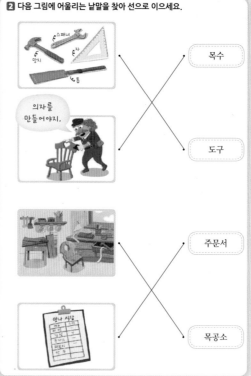

낱말 탐구

✦ **수상하다:** 보통과는 달리 이상하여 의심스럽다.

✦ **윙윙:** 큰 기계의 모터나 바퀴가 잇따라 세차게 돌아가는 소리.

✦ **삭삭:** 거침없이 자꾸 밀거나 쓸거나 하는 소리. 또는 그 모양.

✦ **조절하다:** 균형이 맞게 바로잡다. 또는 적당하게 맞추어 나가다.

✦ **목공소:** 나무로 가구, 창틀 따위의 물건을 만드는 곳.

✦ **주문서:** 물품 따위를 주문할 때 필요한 여러 가지 내용을 적은 글이나 문서.

읽는 중 생각 쌓기

36~43쪽

내용 확인 1 이사 2 톱, 망치, 줄자 3 벤자민 4 ▢ 5 ① 텔레비전 ② 깔끔하게 6 ㉠ 두더지
7 길이 8 친하게 지내고 싶어서

2 나무로 가구를 만들 때 필요한 도구를 찾아봅니다. 국자는 요리할 때, 마이크는 말을 하거나 노래할 때, 크레파스는 그림을 그릴 때 필요합니다.

4 기린이 텔레비전을 볼 때 목이 아픈 것은 기린의 키가 크기 때문이므로 높이가 높은 가구에 텔레비전을 올려놓아야 합니다.

6 발밑에 집이 있다고 했으므로 땅속에 사는 동물이 주문했을 것입니다.

8 사자가 벤자민 아저씨와 동물들에게 속마음을 털어놓으며 자주 놀러 오라고 한 것으로 보아, 사자는 친해지고 싶어서 아저씨와 동물들을 초대했을 것입니다.

1 『수상한 아저씨의 뚝딱 목공소』의 내용을 그림으로 정리했어요. 이야기의 순서에 맞게 빈칸에 알맞은 번호를 쓰세요.

텔레비전을 볼 때 목이 아파요.

1 내가 벤자민 아저씨라면 다람쥐에게 어떤 가구를 만들어 주고 싶은지 설명하거나 그려 보세요.

도토리를 어디에 숨겨 뒀더라?

예 다람쥐가 도토리를 안전하게 숨기고 쉽게 찾을 수 있도록 서랍장을 만들어 주겠다.

2 동물들은 처음에 사자를 어떻게 생각했는지 쓰세요.

예 사자는 사납기 때문에 벤자민 아저씨가 만든 가구가 마음에 들지 않으면 아저씨를 잡아먹을지도 몰라.

3 사자의 속마음을 알게 된 동물들은 사자에게 어떤 말을 했을지 쓰세요.

모두들 나를 무서워하는 것 같아 속상했어요.

예 사자야, 미안해. 우리가 너에 대해 잘못 생각했었구나. 너는 친절하고 마음씨 좋은 친구였어.

해설

1 도토리를 안전하게 숨기고 쉽게 찾을 수 있도록 하려면 어떤 가구가 필요할지 생각해 봅니다.

2 어떤 대상에 대해 겪어 보지 않고 미리 짐작하여 가지는 생각을 '선입견'이라고 합니다. 나는 어떤 선입견을 가지고 있는지 생각해 보는 시간도 가져 봅니다.

3 사자는 자신을 무서워하는 벤자민 아저씨와 동물들에게 먼저 다가가 속마음을 털어놓았습니다. 그런 사자에 대한 동물들의 생각이 어떻게 달라졌을지 써 봅니다.

2주 짧아진 바지

예 어떤 선비가 딸들에게 바지를 줄여 달라고 했는데 딸들이 너무 짧게 줄여 아버지께 용서를 빌 것이다. 그 이야기를 들은 다른 선비도 딸들에게 바지를 줄여 달라고 했지만 아무도 줄여 주지 않아 실망할 것이다.

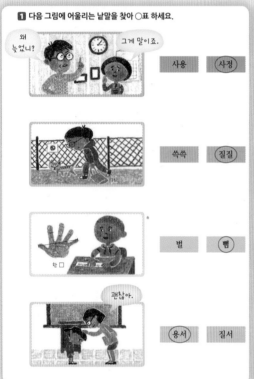

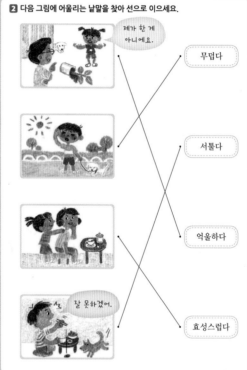

낱말 탐구

✦ **사정:** 일의 형편이나 까닭.

✦ **질질:** 바닥에 늘어지거나 닿아서 느리게 굴리는 소리. 또는 그 모양.

✦ **뼘:** 엄지손가락과 다른 손가락을 완전히 펴서 벌렸을 때에 두 끝 사이의 거리.

✦ **서툴다:** '서투르다'의 줄임 말. 어떤 일에 익숙하지 못하다.

✦ **억울하다:** 아무 잘못 없이 꾸중을 듣거나 벌을 받거나 하여 분하고 답답하다.

✦ **효성스럽다:** 마음을 다하여 부모를 섬기는 태도가 있다.

내용 확인 **1** 효성   **2** 짧은   **3** 줄여   **4** 놀란 목소리   **5** 세(3)   **6** 정직하구나! / 효성스럽구나!
7 예 그대로 있었다.   **8** 실망스럽다.

2 부자는 선비에게 왜 짧은 바지를 입고 있는지 물어보았습니다.

4 선비가 짧아진 바지를 입고 놀라서 딸들에게 어떻게 된 일인지 물어보는 것이므로 놀란 목소리가 알맞습니다.

5 세 딸이 선비의 바지를 각각 한 뼘씩 줄여 모두 세 뼘이 줄었습니다.

6 선비의 세 딸은 효성스럽기 때문에 아버지의 바지를 모두 한 뼘씩 줄인 것입니다. 또, 정직하기 때문에 자신들의 잘못을 솔직하게 말한 것입니다.

8 부자는 자신의 딸들도 효성스러울 것이라고 기대했지만, 바지가 그대로인 것을 보고 실망했습니다.

1 『짧아진 바지』의 내용을 그림으로 정리했어요. 이야기의 순서에 맞게 빈 칸에 알맞은 번호를 쓰세요.

1 부자의 세 딸에게 어떤 충고를 해 줄 수 있을지 쓰세요.

 충고는 다른 사람의 부족한 점이나 잘못을 좋게 타이르는 것을 말해.

✎ 예 좀 더 효성스러운 딸이 되면 좋겠어. / 자기가 할 일을 다른 사람에게 미루지 않았으면 좋겠어. / 아버지의 말을 귀담아들었으면 좋겠어.

2 선비의 바지를 한 뼘만 줄일 수는 없었을까요? 어떻게 하면 바지를 한 뼘만 줄일 수 있었을지 쓰세요.

 ✎ 예 선비의 세 딸이 서로 의논을 해서 누가 바지를 줄일지 정한 뒤에 줄인다. / 선비가 세 딸에게 누가 줄일 것인지 정확히 물어본다.

3 효도가 무엇인지 생각해 본 적이 있나요? 내가 어떻게 하는 것이 부모님께 효도하는 것일지 쓰세요.

 ✎ 예 내가 건강하게 잘 자라는 것이다. / 부모님의 심부름을 잘하는 것이다. / 공부를 잘하는 것이다. / 동생과 싸우지 않는 것이다.

해설

1 부자의 세 딸은 부자의 바지를 줄이는 일을 서로에게 미루어 부자를 실망시켰습니다.

2 선비의 세 딸이 선비의 바지를 짧게 줄여 놓은 것은 효성스러운 마음 때문이지만 딱 맞게 줄일 수도 있었을 것입니다. 선비의 세 딸이 서로 대화를 했거나, 선비가 누가 줄일 것인지 정확히 확인했다면 바지가 짧아지는 일은 없었을 수도 있습니다.

3 자신이 생활 속에서 쉽게 실천할 수 있는 일들을 떠올려 봅니다.

3주 레옹을 부탁해요

[예] 한 아이가 길고양이 레옹에게 주인을 찾아 주려고 노력했지만 찾아 주지 못할 것이다.

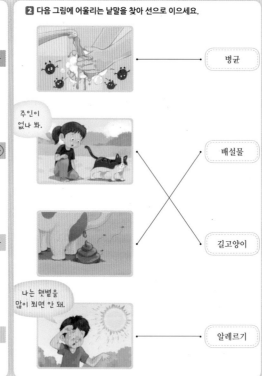

낱말 탐구

✦ **경계하다**: 뜻밖의 사고가 생기지 않도록 미리 조심하다.

✦ **대꾸하다**: 남의 말을 듣고 그대로 받아들이지 아니하고 그 자리에서 제 생각을 나타내다.

✦ **병균**: 병의 원인이 되는 균.

✦ **배설물**: 사람이나 동물이 몸 밖으로 배설하는 물질. 똥, 오줌, 땀 따위를 이름.

✦ **알레르기**: 어떤 물질이 살갗에 닿거나 몸속에 들어갔을 때 콧물, 재채기, 두드러기 같은 것이 일어나는 것.

내용 확인 1 길고양이 2 [예] 점박이, 냥이 3 병균 4 더럽다. 5 먹이 6 불쌍하다. 7 [예] 사라졌다.
8 동물을 사랑하는 아이

2 레옹의 생김새를 보고 나는 어떤 이름을 짓고 싶은지 생각해 봅니다.

4 할아버지는 레옹이 더럽다고 생각하기 때문에 사람들이 자꾸 먹이를 주어 레옹이 계속 찾아오는 것이 못마땅하십니다.

6 윤서는 레옹이 불쌍해서 먹이도 주고 데려다 키우고 싶어 한 것입니다.

8 윤서가 레옹을 데려다 키우려고 하고 새 주인을 찾아 주려고 한 것으로 보아, 윤서는 동물을 사랑하는 아이입니다.

1 『레옹을 부탁해요』의 내용을 그림으로 정리했어요. 이야기의 순서에 맞게 빈칸에 알맞은 번호를 쓰세요.

1 내가 레옹이라면 윤서에게 어떤 말을 하고 싶을지 쓰세요.

예 나를 도와주어서 고마워. / 다른 사람들도 너처럼 나를 더럽다고 생각하지 않으면 좋겠어.

2 사라진 레옹은 어떻게 되었을지 뒷이야기를 상상해서 쓰세요.

✎ 예 원래 주인을 만나 행복하게 살 것이다. / 길을 헤매다 다시 놀이터로 돌아와 윤서의 보살핌을 받을 것이다.

3 길고양이에게 먹이를 주는 일에 대한 자신의 생각을 정해서 ○표 하고, 그렇게 생각하는 까닭을 간단히 쓰세요.

길고양이에게 먹이를 주어야 한다.

그렇게 생각하는 까닭: ✎ 예 길고양이도 소중한 생명이기 때문이다.

길고양이에게 먹이를 주면 안 된다.

그렇게 생각하는 까닭: ✎ 예 길고양이가 계속 늘어나 사람들에게 피해를 줄 것이기 때문이다.

해설

1 고마운 마음을 전하는 말을 써도 좋고, 자신을 더럽다고 생각하는 사람들에 대한 아쉬움을 털어놓는 말을 써도 좋습니다.

2 길고양이인 레옹에게 일어날 만한 일을 썼으면 답으로 인정합니다.

3 길고양이에게 먹이를 주어야 하는 까닭을 쓸 때에는 길고양이에게 먹이를 주지 않았을 때의 문제점을 생각해 보고, 길고양이에게 먹이를 주지 말아야 하는 까닭을 쓸 때에는 길고양이에게 먹이를 주었을 때의 문제점을 생각해 봅니다.

예 신이 나무꾼에게 소원을 들어준다고 했는데, 나무꾼이 소시지를 먹고 싶다는 소원을 말해서 아내가 화를 낼 것이다.

1 다음 그림에 어울리는 낱말을 찾아 ○표 하세요.

2 다음 그림에 어울리는 낱말을 찾아 선으로 이으세요.

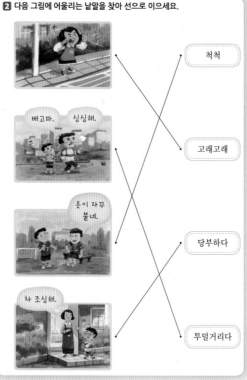

낱말 탐구

✦ **불평:** 마음에 들지 않아서 못마땅하게 여김. 또는 못마땅한 것을 말이나 행동으로 드러냄.

✦ **산더미:** 물건이 많이 쌓여 있는 것을 나타내는 말.

✦ **척척:** 물체가 자꾸 바싹 다가붙거나 끈기 있게 들러붙는 모양.

✦ **고래고래:** 몹시 화가 나서 남을 꾸짖거나 욕을 할 때 목소리를 한껏 높여 시끄럽게 외치거나 지르는 모양.

✦ **당부하다:** 말로 단단히 부탁하다.

내용 확인 **1** 소원   **2** 싫어. / 힘들어. / 짜증 나.   **3** 신중하게   **4** 소시지   **5** 어리석은   **6** 코   **7** 소시지
8 후회된다.

2 마음에 들지 않아 못마땅해하며 하는 말을 찾아봅니다.

3 아내가 잘 생각해 보고 말하라고 한 것은 신중하게 생각해서 말하라고 한 것입니다. '신중하다'는 '매우 조심스럽다.'라는 뜻을 가진 말입니다.

5 아내는 소시지가 생겼으면 좋겠다는 소원이 하찮고 어리석게 느껴져서 나무꾼에게 화가 난 것입니다.

8 나무꾼은 좀 더 신중하게 소원을 빌지 않았던 것이 후회될 것입니다.

읽은 후 생각 정리

1 『어리석은 소원』의 내용을 그림으로 정리했어요. 이야기의 순서에 맞게 빈칸에 알맞은 번호를 쓰세요.

1

5

4

이런 멍청이 같으니라고!

3

맛있는 소시지가 있었으면 좋겠군.

2

잘 생각해 보고 말해야 해요.

6

읽은 후 생각 넓히기

1 아내는 식탁에 쌓여 있는 소시지를 보고, 다음과 같이 나무꾼에게 화를 냈어요. 아내가 나무꾼에게 한 말을 고운 말로 바꾸어 쓰세요.

맙소사. 소시지라니! 이런 멍청이 같으니라고!

✎ 예 배가 많이 고팠나 봐요. 벌써 소원 한

개를 써 버려서 어쩌죠?

2 나무꾼이 한 일을 떠올려 나무꾼에게 해 주고 싶은 말을 쓰세요.

✎ 예 신중하게 생각해서 소원을 빌지 그랬
어요. / 아내의 코에서 소시지가 떨어지도
록 한 것은 잘한 일이에요.

3 신이 소원을 들어준다면, 나는 어떤 소원을 빌지 한 가지 떠올려 쓰세요.

소원을 들어줄 테니 말해 보거라.

✎ 예 강아지를 키우게 해 주세요. / 전학 간

친구를 다시 만날 수 있게 해 주세요.

해설

1 말을 할 때에는 상대방의 마음을 고려해야 합니다. 자신의 마음을 전하되, 나무꾼의 마음이 상하지 않게 하려면 어떻게 말해야 할지 생각해 봅니다.

2 어리석은 소원을 빌어 소중한 기회를 날려 버린 일, 아내를 위해 마지막 소원을 기꺼이 쓴 일 등 나무꾼이 한 일에 어울리는 말을 자유롭게 써 봅니다.

3 자신이 빌고 싶은 소원이기 때문에 정답이 정해져 있지 않습니다. 이루고 싶은 소원을 자유롭게 생각해서 써 봅니다.

49쪽

★ 삐오삐오! 동네에 불이 났어요!
하마 소방관이 불을 끌 수 있도록 색연필로 물줄기를 그려 보세요.

67쪽

★ 숲속에 악어가 총 몇 마리 있는지 세어 보세요.

9   마리

85쪽

재미로 보는 심리 테스트 결과

① **돌고래**
당신이 지금 가장 원하는 것은 자유!
마음이 답답할 때에는 잠시 친구들과 밖으로 나가 힘껏
달려 보는 것은 어떨까요?

② **해마**
당신이 지금 가장 원하는 것은 관심!
당신 곁에는 당신을 누구보다 사랑하는 부모님이 있다는
것을 잊지 마세요.

③ **물고기**
당신이 지금 가장 원하는 것은 휴식!
오늘은 평소보다 조금 일찍 잠자리에 드는 것은 어떨까
요?

④ **꽃게**
당신이 지금 가장 원하는 것은 재미!
이번 주는 색다른 것에 한번 도전해 보세요.

103쪽

★ 서로 다른 부분 6군데를 찾아 ○표 해 보세요.

독 서 노 트

내가 읽은 책은?

읽은 날짜   월   일

책 제목	수상한 아저씨의 뚝딱 목공소
글쓴이	윤희정

1 이 글에서 기억에 남는 장면을 그리거나 느낀 점을 말해 보세요.

예 겉모습으로 사람을 판단하지 않아야 해요. / 사자가 숲속 동물들과 함께 행복하게 살았으면 좋겠어요. / 벤자민 아저씨가 앞으로도 계속 숲속 동물들에게 필요한 가구를 만들어 주었으면 좋겠어요.

만족도   ·재미·   ·지식·   ·감동·   총 평점
★★★★★ ★★★★★ ★★★★★ ★★★★★

※ 가이드북 15쪽에 있는 예시 답안을 확인하세요.

내가 읽은 책은?

읽은 날짜   월   일

책 제목	짧아진 바지
글쓴이	

1 이 글에서 기억에 남는 장면을 그리거나 느낀 점을 말해 보세요.

예 부모님께 효도해야겠어요. / 부자의 세 딸도 선비의 세 딸처럼 효성스러워지면 좋겠어요. / 딸들의 실수를 너그럽게 이해해 준 선비의 행동에 감동했어요.

만족도   ·재미·   ·지식·   ·감동·   총 평점
★★★★★ ★★★★★ ★★★★★ ★★★★★

※ 가이드북 15쪽에 있는 예시 답안을 확인하세요.

내가 읽은 책은?

읽은 날짜   월   일

책 제목	레옹을 부탁해요
글쓴이	박은숙

1 이 글에서 기억에 남는 장면을 그리거나 느낀 점을 말해 보세요.

예 레옹에게 나쁜 일이 생기지 않았으면 좋겠어요. / 윤서처럼 동물을 아껴 주어야겠어요. / 길고양이가 불쌍하기는 하지만 피해를 주기도 하니까 어른들이 나서서 문제를 해결해야 해요.

만족도   ·재미·   ·지식·   ·감동·   총 평점
★★★★★ ★★★★★ ★★★★★ ★★★★★

※ 가이드북 15쪽에 있는 예시 답안을 확인하세요.

내가 읽은 책은?

읽은 날짜   월   일

책 제목	어리석은 소원
글쓴이	샤를 페로

1 이 글에서 기억에 남는 장면을 그리거나 느낀 점을 말해 보세요.

예 내가 나무꾼이었다면 대단한 소원을 빌었을 거예요. / 신중하게 말하고 행동해야겠어요. / 아무리 화가 나더라도 고운 말을 쓰려고 노력할 거예요.

만족도   ·재미·   ·지식·   ·감동·   총 평점
★★★★★ ★★★★★ ★★★★★ ★★★★★

※ 가이드북 15쪽에 있는 예시 답안을 확인하세요.

기적의 학습서, 제대로 경험하고 싶다면?
학습단에 참여하세요!

꾸준한 학습!

풀다 만 문제집만 수두룩? 기적의 학습서는 스케줄 관리를 통해 꾸준한 학습을 가능케 합니다.

푸짐한 선물!

학습단에 참여하여 꾸준히 공부만해도 상품권, 기프티콘 등 칭찬 선물이 쏟아집니다.

알찬 학습 팁!

엄마표 학습의 고수가 알려주는 학습 팁과 노하우로 나날이 발전된 홈스쿨링이 가능합니다.

길벗스쿨 공식 카페 〈기적의 공부방〉에서 확인하세요.

http://cafe.naver.com/gilbutschool